フリースタイル・ラップの教科書

MCバトルはじめの一歩

晋平太
Shinpeita

イースト・プレス

フリースタイル・ラップの教科書

MCバトルはじめの一歩

晋平太
Shinpeita

イースト・プレス

はじめに

本当は誰にでもできる、それがフリースタイル。ラップには正解も限界もない。

「ヒップホップは教わるもんじゃねえ!」って考え方は、今の時代には合わないと思う。俺も若い頃はKRS-ONEの『サイエンス・オブ・ラップ ヒップホップ概論』という本を何回も読んだし、そういう先輩たちからラッパーの持つべきメンタルや文化を学んできた。だから、フリースタイルに興味を持った人が手に取れる本があってもいいんじゃないか。そう思っていた。

「フリースタイルを教えてください!」
「フリースタイルをやりたいんですけど、何からはじめたらいいですか?」

そういう相談はよく受けるし、ラップ講座を開いて教えることもある。でも、短い時間で教えられることは少ないし、俺の考えるラップについて、フリースタイルについて、MCバトルについて、突っ込んだ考えを残しておきたいと思った。もちろん、俺の考えるフリースタイル・ラップの形が唯一の正解じゃない。だから、この本を読んだ後は、自分の頭でバトルやラップについて考えてほしい。

フリースタイル・ラップに興味を持っていても、「自分にはできない」「無理だ」と思っている人が多いことも、すごく感じている。俺はラッパーを増やしていきたいし、ラップは難しいものじゃないってことを伝えたい。

誰もが優れたラッパーになれるわけではない。だけど、「優れたラッパーになれる人しか、ラップをしちゃいけないのか?」というと、絶対にそんなことはない。昔の日本語ラップにはそういう思想もあったし、「あいつはフェイクだ」みたいな批判も飛び交っていたけどね。

でも、日本全国を回って、ラップをする若者たちを見ていると、時代は変わってきたと思う。優れた芸術としてのラップ以外に、自己表現としてのラップがあってもいいと思う。テレビやライヴ、動画サイトでMCバトルを見て、ラップをやりたいと思う人は増えているし、彼らはすごいエネルギーを持っている。なかには誰かのモノマネで終わっている人もいるけど、俺はそういう人たちも否定したくない。「こういうやり方をすると、ラップがもっと上手くなるし、楽しくなるよ」と教えたいんだよね。

　あと、「ヒップホップ＝ヤンキー文化」みたいなイメージも、いい加減変えていきたい。R-指定くんやDOTAMAくんだってそんなタイプじゃないし、オタクのラッパーもいるし、引きこもりからラッパーになった人もいる。今までなら人前に出てこなかったタイプのヤツが、フリースタイルで世の中に出てくる時代になったんだよ。

　俺は「フリースタイル・ラップで人生がポジティブになる人を増やしたい」と思っている。フリースタイルをはじめれば、自分の考えを人に伝えられるし、人前に出る勇気がつく。大好きなヒップホップを通じて、友だちも増えるはずだ。バトルに出場したり、そこで勝ったりしなくても、人生がポジティブになる。それがフリースタイル・ラップの魅力であり、ヒップホップの魅力だと思う。

　ヒップホップの一番いいところは、正解がないこと。俺はラップやヒップホップは「ネガティブをポジティブに変える武器」だと思っているから、その武器に興味があるなら手に取ってほしい。この武器で自分の人生を変えてみてほしい。

　　　　　　　　　　　　　　　　　　　　　　　　　　　晋平太

フリースタイル・ラップの教科書
MCバトルはじめの一歩
CONTENTS

はじめに ──── 002
本当は誰にでもできる、
それがフリースタイル。
ラップには正解も限界もない。

この本の登場人物 ──── 010

フリースタイルをはじめる前に ──── 011
- フリースタイルをはじめたいんだけど、「必要なもの」は？ ──── 012
- 「女性」でも大丈夫？ ──── 014
- フリースタイルには、どんな「才能」が必要？ ──── 015
- 死ぬほど「音痴」なんだけど大丈夫？ ──── 017
- ラップしたいけど、「言いたいこと」が特にありません……。 ──── 018
- 人前でラップする「勇気」が出ないのですが？ ──── 020

ラップの効能10か条 ──── 021
フリースタイルは最強の人生修行だ

［初級編］ ──── 033
ひとりでできる
フリースタイルの練習

STEP01 │「**自己紹介**」をラップでしてみよう ── 034
- **Q** どうすれば「ラップ」と呼べる? 歌やお喋りとどう違う? ── 034
- **Q** 「自己紹介ラップ」はどう作ればよいですか? ── 035
- **Q** プロフィールをどうつなげるとラップになりますか? ── 038
- **Q** 「1小節」とは? ビートに言葉を乗せるとは? ── 040
- **Q** 韻を意識すると、言葉が限定されてしまいます……。── 042
- **Q** ひとまず自己紹介ラップができました。── 043
- **Q** MCネームはどうやって決めたらよいですか? ── 044
- **Q** ラッパーにとって「キャラ」は大事ですよね? ── 046
- **Q** 自己紹介には「オチ」があったほうがウケますか? ── 047
- **Q** 学校、会社、飲み会で使えるラップを教えてください。── 048

STEP02 │ 目の前の人をディスってみよう ── 050
- **Q** なぜバトルでは相手をディスるのですか? ── 050
- **Q** 「ディスれ」と言われても、言葉が浮かびません…。── 052
- **Q** ディスにNGワードはありますか? ── 053

STEP03 │ セルフボースト(自己賛美／自己顕示)をしよう ── 054
- **Q** どういう自慢がウケますか? ── 054
- **Q** ラップにおける事実の誇張はOK? ── 056

STEP04 │「**韻**」を踏む練習をしよう ── 057
- **Q** ダジャレとラップの違いは? ── 057
- ①脚韻│いちばん使える「韻」── 059
- ②頭韻│頭にアクセントをつけよう ── 061
- ③1文字の韻│たたみかけてリズムを作ろう ── 062
- **Q** 韻は連続して踏まないとダメですか? ── 063
- **Q** 韻を踏みやすくするワザはありますか? ── 064

005

- **Q** カッコいい韻とカッコ悪い韻の違いは? ……… 065
- **Q** 「堅い韻」とは? ……… 066
- **Q** 韻のボキャブラリーを増やすには? ……… 067
- **Q** 母音がいくつ合っていれば韻と呼べるのですか? ……… 069
- **Q** 韻を見つけるいい方法はありますか? ……… 070
- **Q** 「倒置法」を使わなくてもカッコいい韻は踏めますか? ……… 072
- **Q** 「パンチライン」ってなんですか? ……… 073

STEP05 | クールな「フロウ」の練習をしよう ……… 074
- **Q** フロウとは? ……… 074

STEP06 | 目に入るものでひたすらストーリーを作ろう ……… 076
- **Q** どこでもできるラップの練習はありますか? ……… 076
- **Q** ストーリーの作り方は? ……… 077
- **Q** 2小節には慣れたけど、8小節は長くて無理そう。 ……… 078
- **Q** 「単語をつなぐ言葉」がなかなか出てきません…。 ……… 080
- **Q** 韻は踏めるけど意味が繋がらない言葉が浮かんだら…? ……… 081

トレーニング① 町中編 ……… 083
中吊り広告でラップしよう。

トレーニング② 出身地編 ……… 085
「出身地」、「よく行く街」を題材にラップを作ってみよう。

トレーニング③ 学校編 ……… 086
教科書に出てくる歴史上の人物で韻を踏もう。

トレーニング④ どこでも編 ……… 088
お題を出して、それを盛り込んだラップをしよう。

STEP07 | パフォーマンスの練習をしよう ……… 090
- **Q** パフォーマンスの練習はどうやればよいですか? ……… 090

- ⓐ 発声法でラップはカッコよくなりますか? ———————— 092
- ⓐ オススメの「ボイトレ」はありますか? ———————— 093
- ⓐ いいマイクの持ち方は? ———————————————— 095
- ⓐ パフォーマンスは鏡の前で練習する? ——————————— 096
- ⓐ クールな「身振り・手振り」とは? ——————————— 097

MCバトルの世界を覗いてみよう ———————— 099

- ⓐ バトルの世界を知るには? ———————————————— 100
- ⓐ オススメのバトルDVDは? ———————————————— 101
- ⓐ 映像を見る時にどこに注目したらよいですか? ——————— 102
- ⓐ フリースタイルにも使える「日本語ラップの名作」を教えてください。 103
- ⓐ 目標にすべきフリースタイル・ラッパーは? ——————— 106

バトル解説 ———————————————————— 109

UMB2010 1回戦 ———————————————————— 110
R-指定 VS 晋平太

UMB2011 決勝 ———————————————————— 114
晋平太 VS NAIKA MC

戦極10章 BEST8 ———————————————————— 118
NAIKA MC VS 晋平太

[中級編] ———————————————————— 123
バトルの練習をしよう
(ふたり以上で)

STEP01 |「アンサー」の力を鍛えよう ——————— 124
- ⓐ ひとりでできる練習法に一通りトライしたら次は? ——— 124

- ⓠ ふたりでできる練習法は? ……………………………………………………… **125**
- ⓠ 「アンサー」って何? ……………………………………………………………… **127**
- ⓠ なぜバトルではアンサーをする必要があるのか? ……………………… **128**
- ⓠ 相手のラップのどこをアンサーすればよいのか? ……………………… **129**
- ⓠ 絶対にディスられそうなポイントがあって怖いです…。 ……………… **130**
- ⓠ どこまで準備したらフリースタイル=即興ではなくなる? …………… **131**

STEP02 | サイファーに行ってみよう ……………………………… 132
- ⓠ そもそも「サイファー」って何? ……………………………………………… **132**
- ⓠ サイファーはどうやって探す? ………………………………………………… **133**
- ⓠ 初心者は嫌がられる? ………………………………………………………… **134**

STEP03 | バトルの練習をしよう ………………………………… 135
- ⓠ バトルの練習、何からはじめればよい? ………………………………… **135**
- ⓠ どの大会のルールで練習をすべき? ……………………………………… **137**
- 主なMCバトルの大会 ……………………………………………………………… **139**
- ⓠ 会場を盛り上げるにはどうすればよい? …………………………………… **140**
- ⓠ 先攻と後攻、どちらが有利? ………………………………………………… **141**
- ⓠ 延長戦になったらどう戦うべきか? ………………………………………… **143**
- ⓠ 観客を味方につけるには? …………………………………………………… **144**
- ⓠ 「地元レペゼン」「不良自慢」は必要? ……………………………………… **146**

STEP04 | バトル出場の準備をしよう …………………………… 148
- ⓠ バトル出場には、どのくらいの上手さと練習期間が必要? ………… **148**
- ⓠ バトルでオススメのファッションは? ……………………………………… **150**

[上級編]
バトルで勝ち上がるためには

153

STEP01 | バトル実践編　　　　　　　　　　　　　　　　　　　　　154
- バトルの当日はどんな準備をすればよい?　　　　　　　　　　　154
- バトルの最中、相手のターンのときには何を考えるべき?　　　156
- 相手のターン中、ステージ上でどう振る舞うべき?　　　　　　158
- 8小節の「オチ」は決めておくべき?　　　　　　　　　　　　　159
- バトル中に言葉に詰まって止まったときの挽回策は?　　　　　160

STEP02 | 弱点を克服しよう　　　　　　　　　　　　　　　　　　　161
- バトルに負けて落ち込んでいます……。　　　　　　　　　　　161
- 韻を踏むスキルには自信があるのに勝てません……。　　　　163
- 苦手なビートがあります……。　　　　　　　　　　　　　　　164
- いつも同じようなことでディスられて負けます……。　　　　165
- MCバトルの歴史に残るパンチラインを知りたいです。　　　　167
- 決勝まで勝ち上がり、チャンピオンになるには?　　　　　　　171

[特別対談]

173

晋平太 × R-指定 (Creepy Nuts)

サイファーで培ったもの、
MCバトルで手に入れたもの。

009

この本の登場人物

晋平太

本書の先生役。東京生まれ、埼玉県狭山市育ちのラッパー。2005年のB BOY PARK MC BATTLEに優勝、2010年と2011年のULTIMATE MC BATTLE (UMB)を連覇、2012年には戦極MC BATTLEの初代王者に輝くなど、数々のMCバトルで名を残すフリースタイラー。基本を押さえたオーソドックスに韻を踏み続けるスタイルと、パッション(情熱)に溢れたラップで支持を集める。

B太 (高校生男子・16歳)

もともと不登校気味だが、YouTubeでフリースタイル・バトルを見て感動し、「自分もやってみたい」と思っている。将来はプロのラッパーになることを夢見ている。

L子 (OL・25歳)

『フリースタイルダンジョン』からラップの面白さに目覚め、仕事や私生活に役立つならばフリースタイルをやってみたいと思っている。会社の飲み会で無理やりフリースタイルをやらされて、上手くできず屈辱を覚えている。

D輔 (サラリーマン・43歳)

日本語ラップ好きのサラリーマン。目立ちたがりや、お調子者。女の子からモテるならフリースタイルをやってみたいと思っている。

フリースタイルを
はじめる前に

Q フリースタイルはじめたいんだけど、「必要なもの」は？

A *最初は何も必要ねぇ！水だけ持ってりゃ It's OK！*

晋 ── ここからはフリースタイル・ラップに興味を持っている3人への授業を通じて、フリースタイルのコツとか楽しさを教えていきたいと思う。みんな、よろしく！

B ─ よろしくお願いします。僕、MCバトルをテレビで観て「自分もやってみたい！」って思ったんですけど、引きこもり気味で学校も行けてなくて……。こんな僕でも大丈夫ですか？

晋 ── もちろん全然オッケー。よろしくな！ ほかの2人もフリースタイルには興味があるんですよね？

L ─ 私、見るのは大好きです！ それを周囲に言いまくってたら、飲み会で無理やりフリースタイルをやらされたことがあって……。

晋 ── おお、じゃあステージを経験済みじゃないですか！

L ─ でも、そこで全然ラップできなかったのが悔しくて。上手くできるようになって周囲を見返したいんです！

晋 ── いいね、その意気込み。もうひとり、最年長のD輔さんは？

D ─ 俺、90年の日本語ラップがバリバリ盛り上がっていた時期は、リアルタイムのリスナーだったんですよ。それが最近のフリースタイルの盛り上がりを見て、熱が再燃して。

晋 ── いいっすね。俺もその時代の日本語ラップには超影響受けてますよ。

D ─ あと「これ、カッコよくできたらモテるんじゃねえか」って下心もあ

 MEMO　DJ Fourd Nkay……DJ／音楽プロデューサー。2014年のB BOY PARKのMCバトルのブレイクDJも務めた。「ニューヨークにいるマイメン。NYで途方に暮れていた俺を助けてくれた恩人」（晋平太）

フリースタイルをはじめる前に

ります(笑)。

晋──はじめるモチベーションとして全然アリっす。実際モテるようになると思いますしね。じゃあ、早速授業をはじめましょう……といきたいところなんだけど、その前に聞いておきたいこととかってあるかな?

B─あの…僕、そんなにお金がないんですけど、フリースタイルをはじめるのに買っておくべきものとか、用意するものってありますか?

晋──特にないよ。ビートは必要だけど、スマホがあれば流せるから。

L─初歩的な質問なんですけど、「ビート」っていうのは? ラップしてるときに後ろで流れてる音楽のことですか?

晋──そうそう。ほら、カラオケで歌うときに、ボーカル抜きで流れている音楽があるでしょ? あれと同じものと思っとけば大丈夫。

B─必ずビートを流してなければラップはできないんですか?

晋──音がなくてもできるけど、かけながらのほうがリズムに乗れるから、言葉が出てきやすいし、ラップっぽく聞こえるね。今ならスマホでもPCでも、YouTubeのバトル練習用ビートが山ほど出てくるよ。ためしに「MCバトル」「ビート」で検索してみ?

D─うわ、メッチャ沢山ヒットしますね! でもこれ、権利的にOKなんですか……?

晋──まあ大半はダメだろうな(笑)。最近は、バトル向けに作られたCDもある。俺のマイメンの**DJ Fourd Nkay**も『FREESTYLE BEATS』っていうCDをリリースしたし、ほかにも練習に使える作品はたくさんある。あと、オリジナルビートでラップやバトルをして遊べる「**SPAT**」っていう専用アプリもあるね。スマホで検索してみよう。

B─じゃあスマホがあれば準備はオッケーってことですね!

晋──そうだね。あとは水くらい。ラップするなら喉は潤しとかないとね。慣れてきたらマイクを通してやったほうがよいけど、今はまだナシでオッケー。

MEMO　SPAT……ラップコミュニケーションアプリ。オリジナルビートを使ってフリースタイルをすることが可能で、2台のスマホをBluetoothでつなげてバトルをしたり、そのビデオをシェアしたりできる。

Q 「女性」でも大丈夫？

A 年齢制限？　女性は不利？ そんなわけない。スタイルはフリー！

L――フリースタイルやっている女性って少なそうなイメージですけど……。

晋――実際、今はまだ少ないね。割合でいうと9対1くらいじゃないかな。

L――じゃあ、やっぱり女性は不利なんですか？

晋――いや、逆に有利でしょ！　女から男に向けられるディスには、「そんなこと指摘されたら立ち直れねぇ…」ってタイプのものが多いんだよ。「だからモテねえんだよ」とかね（笑）。そこを上手く突ければ勝てる。

D――確かに、ステージの上でそんなこと言われたら立ち直れないかも。

B――でも、それって逆に「男から女への悪口」でも同じことが言えるるんじゃないですか？

晋――いやいや。男が女に言う悪口って、程度が知れてるから。大抵みんな「ビッチ！」って言うだけだし（笑）。

D――しかも、そんな安易なディスはすぐ言われ慣れるから、ビッチってワードが出たら、猛反撃されそう……。

晋――「かかった！」って感じだろうな。女の子に「ビッチだけど、お前とだけはヤル気になれない」とか言われたら、勝ち目はないね。何言ったってもうダメだよ。

L――なんか聞いてるだけで、男に勝てる気がしてきました（笑）。

晋――仲間がいなかったら、呼びかけて集めてもよいんじゃないかな。「女性限定**サイファー**」、需要あるはずだよ。

MEMO　｜　サイファー……ラッパーが、路上などで行うフリースタイルのセッションのこと。Twitterで「地名＋サイファー」で検索すると、定期的にサイファーが行われていることが分かるはずだ。

フリースタイルをはじめる前に

Q フリースタイルには、どんな「才能」が必要？

A 特別な才能は不要！
スキルで一発逆転だ、*You know ?*

L ─ でも、元から頭の回転が早い人じゃないとフリースタイルはできないんじゃないですか？

B ─ それ、僕も気になります。回転、かなり遅いので。

晋 ── でも考えてみなよ。今やフリースタイル・バトルの大会がいくつもあって、何百人、何千人という出場者がいるわけじゃん。そこにはフリースタイルをはじめて半年の中学生とかもいるんだから、別に特殊な能力がなくてもできることなんだよ。普通の速度で会話ができる人、相手の話をちゃんと聞ける人なら、誰でもできるはず。

D ─ 俺とかもうオッサンですけど大丈夫ですか？ 頭の回転だけじゃなく物覚えも悪くなってきてる実感があるんですが。

晋 ── 全然大丈夫っす。もちろん10代からはじめている人が多いけど、有名になったフリースタイルラッパーでも20代からはじめた人もいますから。**KBD（a.k.a 古武道）くん**とかなんか結構遅くて、20代半ばくらいではじめたんじゃないかな。だから俺は年齢は全然関係ないと思う。

B ─ でもやっぱり、才能がある人とない人がいるわけですよね。

晋 ── 向き不向きはあるだろうな。昔は「クラスのリーダー的な存在」とか、「目立ちたがり屋」がラップに向いてるって言われたけど、最近はいろんなタイプのラッパーが出てきたから、一概にそうとも言えない。「学校では居場所がない」ってヤツも多いし、学校に行っていないヤツもいる。それでもバトルの大会を勝ち抜いていく人もいるし、そういう自分の状況をラップにしているヤツもいるから。

MEMO KBD a.k.a 古武道……R-指定と同じ梅田サイファー出身。韻踏合組合が主催するENTER MC BATTLEでは複数回の優勝経験を持つ。「本当におもしろいヤツ。通称は"韻踏みゴリラ"（笑）」

B-そうみたいですね。僕も、引きこもりだったことをラップしている人を見て、「自分もできるんじゃないか」って思ったんです。

晋——**GOMESSくん**とかね。クラスで目立つヤツでも、学校に行ってないヤツでも、その人ならではの物の見方があるし、その個性はラップに活かすことができる。クラスとか会社で立場が弱くても、それが個性（ウリ）になるのもラップの面白さだね。もちろん、ある程度のボキャブラリーは必要だけど、それはこれから身につければ大丈夫。

B-でも、人生経験豊富だったり、修羅場をくぐっていないと、バトルを勝ち抜けるカッコいいラッパーになれない気もするんですが。

晋——いや、バトルを勝ち抜くのに必要なのは、才能でも人生経験でもなく、スキル！ これは声を大にして言っておきたいな。スキルは、この本を読んで実際にトレーニングすれば身につくものだから、今はなくても大丈夫。あとフリースタイルをやってる人がとっさに言葉が出てくるのは、頭の回転が早いからじゃなく、ラップの言葉を考えることが習慣化しているから。俺自身も、特別頭の回転が速いとは思わないしね。

D-じゃあ、その習慣を身につければ、誰でも韻を踏む言葉が出てくるようになるんですか？

晋——誰でもある程度は出てくるようになるはず。そのためには、目に入ったものを何でもラップするとか、人から言われたことにラップで返してみるとか、そういった日々の練習が必要になる。だから回転の速さを鍛えるというより、「ラップの瞬発力」を鍛えることが大事だね。

L-晋平太さんもそういうトレーニングはしていたんですか？

晋——もちろん。ラップの言葉を引き出すルートを日頃から頭のなかに作っていることが大切なんだよ。もちろんバトル中の言葉はとっさに閃くんだけど、その閃くためのルートを作ること、そのルートを増やすことは練習でできるってわけ。

MEMO　GOMESS……1994年生まれ。第2回「高校生RAP選手権」準優勝。自閉症と共に生きるMC。「好き嫌いが多くて、一緒にいるとき、カレーとラーメンとハンバーグばかり食べてました」（晋平太）

Q 死ぬほど「音痴」なんだけど大丈夫?

A 歌の上手さよりまずは声量。でかい声だせ、Every body Say Ho！

D ─ 俺、カラオケは好きなんですけど、どっちかっていうと音痴なほうで。

晋 ── 強いフリースタイラーでも「コイツ歌ったらヒデえな！」みたいなヤツはいるよ。だから音痴でも大丈夫。

L ─ じゃあ音感のなさとかはラップでは不利にならないんですか？

晋 ── 音痴な人でも、「自分なりの音程」っていうものはあるんだよ。そこを外さなければラップは成立する。カラオケでは「正解の音程」に合わせないとダメだけど、ラップは自分で音程を決められるからね。

B ─ 声の高い・低いとか、音域の広い・狭いも関係ないですか？

晋 ── 歌ほどは関係ないね。声の高い・低いの違いは、「楽器の違い」みたいなもの。トランペットはもともと高い音が出るし、ベースは低い音が出るし、その音域の中で音を出すでしょ？ ラップもそういう楽器と同じで、自分の持った音域でラップをすれば大丈夫。

D ─ **TWIGYさん**とかすごい声が高いし、それがカッコいいですよね。

晋 ── まさに！ 声が極端に高い人とか低い人は、際立って存在感がある。

B ─ でも、リズム感は大事ですよね？

晋 ── そうだね。でも、フリースタイルに必要なリズム感を鍛えるのは、そう難しいことじゃない。あとで説明するけど、ビートに収まるように言葉を入れていけば、誰でもラップができる。俺の想像だと、リズム感がない人というのは、ちゃんとトラック（曲）を聞いてないだけだと思うね。ちゃんと聞いて、1から8までカウントできれば、そこにラップを乗せられるよ。

MEMO TWIGY……MUROらとMICROPHONE PAGERを結成、日本語ラップシーンに大きな影響を与えた。「『七日間』って曲の『この話をよく聞け 人の話をよく聞け 聞きなよ』って歌詞が最高」（晋平太）

Q ラップしたいけど、「言いたいこと」が特にありません……。

A *最初はみんな人のモノマネ。慣れればできる自分の言葉で。*

L─MCバトルを見て「カッコいい!」と思ったんですけど、正直なところ自分に「ラップで言いたいこと」ってそんなにあるかな……と思って。

D─確かに。現時点で俺の場合「モテたい」しかメッセージがない(笑)。

晋──俺もはじめた頃は「ラップでこんなことを世の中に訴えたい!」みたいな考えはなかったよ。むしろ、最初から世の中に訴えたいことがあるヤツのほうが少ないんじゃないかな。

B─じゃあ、別に主張がなくても大丈夫なんですか? 考えてみても、言葉がポンポン出てこないんですよね……。

晋──最初はカッコいいと思ったラッパーのマネでもいいんだよ。自分でリリックを書いてみようと思っても、好きなラッパーのパクリみたいになっちゃうしさ(笑)。でも、「こんなスタイルのラップをしたい」という目標は、自分の中で明確にしておいたほうがいいかもね。

L─「スタイル」っていうのは?

晋──たとえば「韻をたくさん踏みたい」「早口のラップをしたい」「かっこいいパンチラインで観客を沸かせたい」みたいな感じだね。そういう目標があれば、その練習を重点的にできるし、それがラッパーとしての個性になるから。

B─僕は晋平太さんとか **R-指定さん**みたいに韻をたくさん踏めるようになりたいです。

MEMO | R-指定……2012年〜2014年にUMB3連覇を成し遂げた大阪出身のラッパー。Creepy Nutsとしても活動中。「史上最強のフリースタイラー。ウチに泊めたとき、シャワーが超長かった(笑)」(晋平太)

晋──オッケー。その練習法はこれから教えてくよ。なぜ理想のスタイルを持つことが大事かというと、目指すスタイルによって練習すべき内容も違ってくるから。どギツいディスがしたい人なら、人の悪口を考えることがラップの練習になるからね(笑)。理路整然と的確なラップをする練習をして、**KEN THE 390さん**みたいなラッパーを目指すのもアリだし。そうやって好きな部分の練習をしたほうがラップは絶対楽しくなるし、スタイルがある人のほうがバトルでも勝ち上がりやすいんだよね。

L─なるほど! じゃあ自分でリリックを書くとしたら、最初は何からはじめたほうがいいですか?

晋──自己紹介のラップだね。自分の生い立ちとか、履歴書に書くような情報とかなら、誰でもネタがあるでしょ?

B─それなら少しは書けそうな気がします。じゃあ、「ラップするのって楽しそう! カッコいい!」ってノリではじめてもいいんですね?

晋──もちろん。そういう人は自分が楽しむためのラップをすればいい。

学生時代の あの日みたいに
ラップで人生 楽しみたい

なんてラップでも全然アリだから。

B─「ラップをする人=社会に対するメッセージを持っている」みたいなイメージがあったんですけど、必ずしもそうじゃないんですね。

晋──もちろん「届けたいメッセージがあるからラップをしたい」という人がいても全然オッケーだけど、「俺もラップできるようになりたい!」って情熱さえあれば、訴えたいことなんてなくてもいい。それを突き詰めて、「言いたいことは特にねぇ」っていうラップをしても、それも立派なメッセージになるからね(笑)。

 | KEN THE 390……DREAM BOYS、TARO SOULとのユニットでも活動しつつ、MCバトルにも出場する。「とにかく淀みなく的確なラップをする。対戦相手としては超イヤなヤツっす」(晋平太)

Q 人前でラップする「勇気」が出ないのですが？
A 「一緒にやろう」と誘いな親友。
少しずつ増やせ、仲間の人数。

B – バトルを見るのは楽しいんですけど、正直自分が人前でラップできるとは思えなくて。

L – 私も飲み会ではフリースタイルはできても、バトルのステージに立つ勇気はないかも……。

晋 ── いきなりステージに立つ想定はしなくてもいいんじゃない？　まず、ラップは家でひとりでも練習ができるし、それだけでも楽しい。あと、フリースタイルが好きな人が集まって、勝ち負けを決めずにラップを楽しむ「サイファー」って集まりもある。

D – 公園とかで輪になってラップするやつですよね？　最近街中でも見ることが増えた気がします。

晋 ── そうそう。今はサイファーも Twitter で「駅名＋サイファー」で検索すれば、近所でやっているのがすぐに見つかるはずだから。

B – でもサイファーに行く勇気もないんですけど……。

晋 ── そういうヤツは、友だちを巻き込めばいい。ひとりよりふたりでやるほうが楽しいし、上達も早くなるからね。俺の場合も友だちから、「一緒にやってみようぜ」みたいに誘われてはじめたから。

B – じゃあ「一緒にラップやろうぜ！」って誘ってみます！

晋 ── そうしなよ。フリースタイルの醍醐味って、やっぱり言葉のキャッチボールだから、相手がいたほうが楽しいよ。

ラップの効能
10か条

フリースタイルは
最強の人生修行だ

ラップの効能

異性にモテる

　最初に言うことそれ!? って話だけど(笑)。まあモテるようになると思う。まず、バトルに出て人前でラップしただけでも、自分に自信がつく。優勝したり、大会でインパクトを残したりできれば、「カッコいい!」「すごいね!」「ラップ教えてください」って男性・女性を問わず人は寄ってくるしね。

　あと、やるかどうかはお任せするけど、カラオケで女の子を口説くのにも使える(笑)。フリースタイルを見せたら絶対に盛り上がるし、女の子をロックオンして「君カワイイね」的なラップを延々と続けたりね。「実際、そんなことしてるラッパーいるの?」って言ったら、まあ多分たくさんいるよ(笑)。

　だいたい、「フリースタイルができる」って言うと、カラオケに行ったときに「じゃあ、見せて!」って流れになるから、準備はしておいたほうがいい。そういうときは逃げるのはサムいから、ノリノリでみんな見せてほしいね。コミュニケーション能力を高めて、人生をプラスの方向に導くツールに使ってもらいたいな。

ラップの効能

友だちができる

　まずサイファーに参加すれば、そこでラップという趣味を通じた友だちができる。今はSNSでもサイファーをやっている人や、ラップが好きな人たちが交流しているから、ネットでも友だちは作れると思う。学校や職場以外の人間関係があるというのは、人生のいろいろな面でプラスに働くんじゃないかな。学校や職場で居場所がない人も、生きるのが楽になったり、楽しくなったりするだろうしね。

　あと、サイファーの集まりを含めて、ヒップホップのコミュニティーには強いファミリー感がある。ラップの上手い下手にかかわらず、そこに入った人は仲間として受け入れてくれるはずだよ。「悪そうな奴はだいたい友だち」じゃないけど、「ヒップホップ好きはだいたい友だち」だよ。

ラップの効能

3

コミュニケーション能力が高まる

　フリースタイル・バトルは、相手とのコミュニケーションで戦うバトル。だからバトルでは、相手の話を聞く能力と、それに答える能力（アンサー）の両方を高めることができる。

　相手を上手くディスるには、人間に対する観察眼とか、洞察力を高めることも必要になってくる。相手の言動や、見た目のツッコミどころを瞬時に察知して、それを的確な言葉で伝えないと、お客さんは沸いてくれないから。

　ちなみに"ディスる"は「disrespect（ディスリスペクト）」のことで、リスペクト（尊敬・尊重）の反対の意味の言葉。俺はディスる場合も、相手にリスペクトを持つことが大切だと思っている。相手をディスるには、きちんとコミュニケーションをとって、相手を尊重し、相手に興味を持って観察することが必要なんだよ。

　そうやって身につけた話を聞く能力、洞察力、観察眼、話を伝える能力は、日常でも役立つはず。使い方をそのまま裏返せば、人を褒めるときにもその能力は活かすことができるからね。

ラップの効能

人を楽しませる能力が身につく

　フリースタイル・バトルは、自分の言葉で相手を打ち負かす競技とも言える。そこでは自分の怒りをぶちまけたり、相手をディスったりすることが重要な要素になる。でも、勝つためには「お客さんを楽しませて盛り上げる」という能力も必要なんだよ。

　ただ怒りをぶつけたり、ストレスを発散したり、相手をディスったりしただけでは、フロアは盛り上がらない。フリースタイルで勝つためには、「今フロアがいちばん盛り上がる話題は何か？」という感覚を磨くことが必要。だからフリースタイルをはじめたら、空気を読む能力とか、人が求めているものを感じ取る能力とか、相手が言われたくないことを察知する能力が確実に身についてくる。

　それを応用すれば、日常で人を楽しませることもそう難しいことじゃないね。職場の会議で場を和ませる能力なんかは、まさにフリースタイル・バトルで身につけられるものなんじゃないかな。

　バトルで強い人たちを見ると、やっぱり独りよがりじゃなくて、どっかでお客さんのことを意識しているし、サービス精神を持っている人が多いんだよ。あと、相手を打ち負かすことばかり考えてると、精神的にも辛くなって続かなくなる。「ラップは相手を打ち負かすこともできるものだけど、人を喜ばすこともできる」ということは知っておいてほしいね。

ラップの効能

度胸がつく、タフになれる

　MCバトルでは、多くの人が見ている前でラップを披露するわけだから、当然度胸は身につくよね。

　地方の代表になってバトルの全国大会に出れば、地元を背負うことになるので、人間としての厚みとかオーラみたいなものは確実に出てくる。「高校生RAP選手権」で2連覇した**MC☆ニガリ(a.k.a赤い稲妻)くん**も、元々は長野の田舎の普通の男の子だったけど、今じゃどんなステージでも物おじしないラッパーになった。今の彼なら「東京ドームでフリースタイルやれ」と言われても「はい」と言うんじゃないかな。

　あと、嫌なこと言われたとき、とっさに言い返すこともできるようになる。まあ、口喧嘩ではそう簡単に負けなくなるよ。日常生活でもバトル気分で言い返しちゃって、「ヤベぇ。すみません！」みたいなことは時々あるけどね（笑）。

　あと、ステージ上でひたすら悪口を言われ続けていれば、日常で多少悪口を言われても平気になるかな。

 MEMO　MC☆ニガリ a.k.a 赤い稲妻……「高校生RAP選手権」で常人離れしたバイプスを武器に2連覇。「日本語ラップ界の最終兵器。東京の家と職場、俺が紹介しました（笑）」（晋平太）

ラップの効能

感謝の気持ちを伝えられる

　バトルでは相手をとことんディスるけど、「ありがとう」という感謝の気持ちを伝えられるのもラップの特徴。「日本語のラップには『感謝』とか『ありがとう』って言葉を使う曲が多い」って言われるけど、それは元々アメリカのヒップホップにある文化なんだよね。有名な例でいうと、**2PAC** というラッパーの『Dear Mama』という、お母さんへの感謝を歌った曲がある。

　あと、これはラッパーに限らないことだけど、キリスト教の文化では、神様にも感謝をするよね。そういう文化が、アメリカのヒップホップから日本にも輸入されたんだよ。

　地元を大事にしたり、仲間を大事にしたりするのも、同じ。「俺はお前を大事に思っているし、感謝してるぜ」って思いは、普段はなかなか伝えられないことだけど、ラップだと伝えられる。人によっては「ラップにするほうが恥ずかしい」という人もいるかもしれないけど、「ほら、ラップって感謝とか伝えるじゃん？」みたいに隠れ蓑にして、ポジティブな気持ちを伝えるのはアリなんじゃないかな。

 MEMO　2PAC……1971年生まれ、ブロンクス出身。1990年代前半に歴史的名盤・ミリオンセラーを連発。ヒップホップ・シーンの抗争のなかで、25歳の若さで帰らぬ人となった。「俺にとってゴッドっすね」（晋平太）

ラップの効能

自分の弱点を客観的に見られるようになる

　フリースタイル・バトルは基本的にディスり合いだから、普通に生きてたら言われないレベルの悪口を言われることもある。もちろん誹謗中傷のような見当違いの悪口もあるけど、俺の「CHECK YOUR MIC」って曲にある「DIS された分 内面を見つめ」って歌詞みたいに、「俺、そういうところあるのかな？」って自省することもある。

　ディスでお客さんが盛り上がったときは、お客さんは「同意！」って意志を示したことになる。だから、言われたディスは当たってると考えて間違いない。あと、お客さんが沸かなくても、バトルで相手がディスってきた言葉は、少なくとも相手が「これを言ったら客も盛り上がるだろうな」と思ったから言ったこと。だから、その要素を自分が持っている可能性はあると言える。

　そうやってディスられて、内面を見つめた上で、同じことを言われるのがイヤなら、そこを直せばいい。「別にそう思われても構わねえ！」と思ったなら、直さずにそのまま生きていけばいいんだよ。

ラップの効能

自分の意見が言えるようになる

　MCバトルでは、決められた小節数の中でしかラップができないし、そこでバシッと自分の意見を伝えなきゃいけない。バトルの途中でステージから逃げることもできない。だから「自分の意見が言えるようになる」というのはひとつの効能だろうね。「自分の主張をコンパクトにまとめる」という能力も身につくはずだよ。

　あと、言いたいことをコンパクトにまとめただけだと、お客さんには響かない。だから、「どういう言葉を使って、どういう言い方をしたら心に強く響くだろう?」と考えるクセが身につく。あとで詳しく説明するけど、ラッパーが韻を踏むのも、メッセージのインパクトを強くするためのひとつの手段なんだよね。

　ラッパーがしている「限られた文字数の中で自分の主張をしっかり伝える」って作業は、コピーライターの仕事とかと近いんじゃないかな。あと長いリリックを書くことになれば、ストーリーを作るための能力も必要になる。フリースタイル・バトルは、言葉を操るための様々な能力が問われる勝負でもあるし、それを高めることもできる競技だと思うよ。

ラップの効能

❾
暗記に役立つ、ボキャブラリーが増える

　ラップで韻を踏んだリリックは、言葉のインパクトが強くなる。ラッパーが使う語呂がよくて面白い言葉は、お客さんに伝わりやすいだけでなく、自分の記憶にもよく残る。だから、たとえば学生の場合は、ラップを試験の暗記に使うこともできるんじゃないかな。「1192（いい国）つくろう鎌倉幕府」が覚えやすいのと同じ仕組みだね。

　あと、フリースタイル・バトルで勝ち抜くには、自分の持っている語彙を増やすことも必要になる。ことわざを覚えたり、「面白い響きだな」と思った言葉を調べたりメモったりすることも、フリースタイル・バトルの練習になるから、楽しみながらボキャブラリーを増やせると思う。

　語彙を増やすにも、暗記するにも、大事なのは実際に口に出してラップしてみること。口に出して、音として自分の耳で聞くことで、その言葉は自分のモノになるから。考えたり調べたりするだけじゃなく、「口に出してアウトプットする」ということを常に意識してほしいね。

ラップの効能

人生の生きがいが見つかる

　何より大事にしてほしいのは、「まずは自分が楽しめ!」ってこと。ホント、「好きこそものの上手なれ」で、自分が好きで、楽しんでやっていることは、上達も早いからね。

　もちろんバトルで競争して、そのなかで自分が成長をしていくさまを楽しむのもひとつの方法。だけど、逆に全然競争しないでラップを楽しむのもアリだと思う。

　自分が納得いくラップをできて、自分が好きな仲間と一緒に楽しくフリースタイルができる。「そのライムやばいね!」ってお互いに認め合って、ラップすることを楽しむ。それができていたら、バトルに出なくても十分楽しいはずだよ。みんながバトルの優勝とか、プロのラッパーを目指さなくてもいいと思う。

　普段の生活に不満があったり、イヤなことがあったりしても、ラップをしているときはそれを忘れられる。イヤなことをラップにすることもできるし、そこでギャグにすることもできる。辛さを訴えて、それが人に感動を与えることもある。ネガティブなこともポジティブに変えられるのがラップなんだよ。

　そうやって好きなことを楽しんでやっていると、自分のことも好きになれるはず。俺はよくナルシストとか言われるけど、自分が嫌いなヤツよりは100倍マシだと思うけどな(笑)。

初級編

ひとりでできるフリースタイルの練習

STEP 01 「自己紹介」をラップでしてみよう

Q どうすれば「ラップ」と呼べる？
歌やお喋りとどう違う？

A *韻を踏めなくても気にするな！
音に乗って喋れ！ シンプルさ！*

晋── じゃあ、実際にラップの練習をはじめていこうか！

B- はい！ でも、いきなりカッコよく韻を踏めるものなんですか？

晋── いきなりキレイには踏めないと思うけど、韻を踏まなくてもラップにはなるから大丈夫。最初は難しいことを考えず、自分の思う「ラップぽいしゃべり方」で自己紹介をすることからはじめてみようか。

D- **ジブさん（Zeebra）** の「**俺は東京生まれ HIPHOP 育ち**」みたいな？

晋── そう！ 有名なラップを思い浮かべて、そのマネをすればOKだから。

L- ラップって、普通に喋るというよりは、音楽に乗せて喋る感じですね。

晋── そう。正確に言うと、歌の場合はメロディに乗せて歌うけど、ラップの場合はドラムが刻むビートに乗せて、普段とは違うリズムで言葉を喋る感じだね。そのあたりは後で詳しく説明するけど、最初はYouTubeで出てきた練習用ビートに乗せて喋ってればOK。

D- 「喋るだけ」って考えると、俺もできそうです。

晋── ビートに合わせて喋るだけでも、「お、ラップっぽくなった」って手応えがつかめるはずだよ。

MEMO Zeebra……K DUB SHINE、DJ OASISと結成したキングギドラで日本語ラップの礎を築く。「Zeebra Tha III Skill」の別称も。「この人がいなかったら今の俺はいない。はじめてハマったラッパー」（晋平太）

Q 「自己紹介ラップ」はどう作ればよいですか?

A まずプロフィールを紙に書き出す!
そっから自分だけのラップを編み出す!

 晋 — で、そのビートに合わせてラップしてほしいのが、自己紹介。そもそもフリースタイルのバトルも、「自己紹介」と「相手へのディス」の組み合わせみたいなものだからね。

 B — 「俺はこういうヤツだ!」っていうラップはバトルでも定番というか、みんな言っていますよね。

 晋 — そう。だから自己紹介のラップを作っておくと、それはバトルにも応用できる。飲み会の一発芸にも使えるよ(笑)。

 D — それ、後で詳しく教えてください(笑)。自己紹介っていうと、名前、出身、年齢、趣味とかをラップすればいいんですかね?

 晋 — そうそう。「俺はこんなところから来た(出身/住んでいる場所)」「こんなことをしている(仕事/趣味)」とかね。あと「性格」「好きなもの」とかを入れていけば、4小節のラップならすぐ作れるよ。「サッカーのサポーターだ」とか「アイドルの追っかけしてます」とかでもいいし、座右の銘でもいい。

 MEMO 「俺は東京生まれ HIPHOP 育ち」……Dragon Ash『Greateful Days』で客演した Zeebra のリリック。ヒップホップに興味がない人にも知れ渡る、日本語ラップを代表する最強のパンチライン。

STEP01 「自己紹介」をラップでしてみよう

D ― 履歴書に書くようなことをネタにしてけばいいんですね。

晋 ― そうだね。だからまずは、ラップに盛り込める情報を箇条書きにしてみようか。それを元に、アピールしたい要素を選んで、言葉の順番を入れ替えたり、別の言葉に言い換えたりしながら、ラップに仕上げていく感じかな。

マルオ（この本の担当） ― 例えば僕なら「名前はマルオ」「出版社で編集の仕事をしている」「晋平太さんの本の担当」みたいな感じですけど、こういう情報でもラップになりますか？

晋 ― そうだね。

普段は書籍の編集者
でも今日はラップの練習さ！

とかね。「フリとして自分の名前や仕事などの情報を1小節目で出す」「それを2小節目のケツで韻を踏んで落とす」というのがひとつのセオリーで、このやりかたをマネすれば、誰でも2小節のラップは作れるはず。韻の踏み方はあとで教えるから、まだできなくて大丈夫。

マルオ ― すごい！ 今度から使わせてもらいます（笑）。じゃあL子さんの場合は？

L ― 私はレコード会社勤務のデザイナーです。あと名字は榊田（サカキタ）なんですけど、読み方を「サカキダ」ってよく間違われます。

晋 ― それもラップのネタにできるね。「サカキダじゃなくてサカキタ！」って。「名前を間違われる」ってよくある状況だから絶対ウケると思うな。デザイナーは「デザイヤー」みたいな言葉で韻を踏んでもいいし、「今忙しいからちょっと手伝いな」と韻を踏んでもいいし。

D ― 晋平太さん、僕の自己紹介の要素も箇条書きにしたんで、これでラップを作ってみてもらえますか？

晋 ― オッケー。ふたりの例をここに載せておくから、読者の人たちも参考に作ってみて！

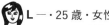
L ― ・25 歳・女性
- レコード会社勤務のデザイナー
- 『フリースタイルダンジョン』を観てラップをやってみたくなった
- 会社の飲み会でカッコよくフリースタイルしたい

> *ワタシの名前は サカキタ*
> *サカキダ じゃなくて サカキタ*
> *レコード会社の デザイナー*
> *テレビで知った フリースタイラー*
> *普段はクールな フリしてるが*
> *実はメラメラ燃える デザイアー*

D ― ・43 歳・男性
- 商社勤務のサラリーマン（営業職）
- 90 年代の日本語ラップ好き。**BUDDHA BRAND** がフェイバリット
- もう中年だが、これからフリースタイルをやってみたい
- 酒好きで、目立ちたがりや
- 独身。モテたい

> *商社勤務の サラリーマン*
> *常に働くぜ 朝昼晩*
> *昔大好きだった BUDDHA BRAND*
> *なぜか今ラップしたい気持ち 収まらん*
> *酒が大好きな お調子もん*
> *飲み干すぞ日本酒の お銚子も*
> *今から目指すラップデビュー*
> *そして嫁さん手に入れる*

 MEMO | BUDDHA BRAND……DEV LARGE、NIPPS、CQ、DJ MASTERKEY の 4 人がニューヨークで結成、「『人間発電所』は『B-BOY イズム』『証言』と並ぶクラシックですね」（晋平太）

STEP01 「自己紹介」をラップでしてみよう

Q プロフィールをどうつなげると
ラップになりますか?

A **つなげ方は超簡単。
「韻」か「意味」のどちらか2パターン。**

B ─ ちなみに晋平太さんの場合はどんな自己紹介のラップになるんですか?

晋 ── 俺の場合だと、要素としては「名前は晋平太」「出身は埼玉県狭山市」「ドリーミュージックに所属するラッパー」「目標は全国制覇」みたいな要素が挙げられる。その要素を使って、

   *所属はドリーミュージック
   音楽をやって毎日が充実*

と韻を踏むこともできる。あと韻を踏まなくても、

   *所属はドリーミュージック
   音楽で夢をばらまきたい*

みたいに、言葉の「意味」を拾って文章を続けていく方法もあるね。

L ─ 必ずしも韻を踏み続けなくてもいいわけですね!

晋 ── そうだね。ラップの続け方には「韻を踏む」か、「意味をつなげる」かの2パターンがある……ということは覚えておいてほしい。この2つの方向を選びながら進んでいくというやり方は、自己紹介に限らず、あらゆるラップに応用できるから。

D ─ 毎回韻を踏まなくていいと聞くと、なんだかラップをすることへのハードルが下がった気がします!

晋 ── 2つ回路があると思うと楽になるでしょ? たとえば、今俺が手に持っているボールペンについてラップする場合。まず「右手に持ってるボールペン」とラップした後で、韻を踏むのであれば「取っ手の部分がゴールデン」と続けることができる。でも、踏む言葉がでてこ

ないなと思ったら、「中にはインクが詰まっている」みたいに言葉を続けて、そこからまた次の言葉を探せばいい。韻を踏むか、違う回路で文章を続けるか、それを考えて判断しながらスラロームを繰り返す、みたいなイメージだね。

Dーまず韻を踏む言葉を探して、それがなければ意味のつながりで文章を続けて……という感じですね。

晋ーーそうそう。最初は韻を踏む言葉とか、意味のつながりのある文章をなかなか思いつかないかもしれないけど、ビートに乗せてリズムよく言葉を喋れていればオッケー。途中でラップを止めず、とにかく4小節を走り続けるのが最初の目標かな。

Q 「1小節」とは？　ビートに言葉を乗せるとは？

A *4カウントで1小節。
どんなビートも一緒です。*

L ─ あの、さっきから「1小節」「4小節」って言葉が出てきていますけど、小節っていうのはどうやって数えるんですか？

晋 ── Zeebra さんの有名な「俺は東京生まれ HIP HOP 育ち　悪そうな奴はだいたい友達」を例に出すと、「俺は東京生まれ HIP HOP 育ち」までが1小節だね。

D ─ 俺も小節って言葉や単位があることは知ってたんですけど、「1小節ってどうやって数えるの」っていうのは疑問でした。

晋 ── そこは詳しく説明しなきゃいけないな。まず、Zeebra さんがそのラップをしている「Grateful Days」でも、それ以外の曲でもいいから、ヒップホップの曲を実際に聞いてみてほしい。聞いてみると、どの曲でも、「ズンズンチャン　ズンズンチャン」ってドラムの音が聞こえると思うんだよ。

L ─ はい。聞こえますね。ドラムを聞けばいいんですか？

晋 ── そうだね。ヒップホップのトラックで、リズムを刻んでいるのは基本的にドラム。ドラムを注意して聞いて、1、2、3、4……とカウントしていくのが、リズムを掴む最初の練習だね。で、その「ズンズンチャン」2回が1小節。Zeebra さんのラップの場合は「俺は」の部分が小節の前にはみ出してるんだけど、それ以降を例に出すと、

東京生まれ HIP HOP 育ち 悪そうな奴は だいたい友達
1　　2　　3　　4　　5　　6　　7　　8
　　└――― 1小節目 ―――┘└――― 2小節目 ―――┘

という感じに聞こえるんじゃないかな？　1、2、3、4のリズムは手をたたきながら聞けば分かるはず。どう？

　B - はい！　なんとなく分かりました！　この1、2、3、4のリズムを意識しながらラップしていけばいいんですね。

　晋 ── そうだね。まずはドラムを聞いたら8つ手を叩いてみて、そこに収まるようにラップをしてみてほしい。

　L - その手を叩いた中に言葉が収まっていれば、リズムに乗っていると言えるわけですね。

　晋 ── そう。基本はその1，2，3，4のリズムに合わせて、はみ出さないように言葉を乗せていくこと。アクセントの位置を変えるとか、一拍遅らせてはみ出すとかをすると、独特のフロウが生まれるんだけど、それは基本のリズムが分かっていないとできないこと。だから、説明は後回し！

Q 韻を意識すると、
言葉が限定されてしまいます……。

A *韻は踏んでも踏まれるな！*
大事なのは何を伝えるか。

B - 僕の場合は、「高校生」「引きこもり」「ラッパーを目指している」「学園祭でラップを披露したい」みたいな感じで、これで自己紹介をストーリーにすると、どんな感じになりますか。

晋 —— こんな感じかな。

> 俺の名前は MC B 太
> YouTube で見た バトルが 響いた
> 背は低いし 元引きこもり
> けどいつか ラッパーになるつもり
> もともと俺は 登校拒否
> けど学校は楽しい 想像より
> いつかそれラップで 発言したい
> だからライブしたい 学園祭

B - すごい！　全部の要素が入っている。

晋 —— 韻を踏むとき、母音とか文字数を合わせることにとらわれすぎないことも大事。「発言したい」と「学園祭」は文字数も合ってないけど、そこは言い方の工夫をすれば特に気にならない。だから口に出しながら書いてみるのがすごく大事だね。

Q ひとまず自己紹介ラップができました。

A 「*自分が誰か*」*を人に伝えよう。*
自信をもって堂々と歌えよ！

B ― いろいろ教えてもらって、なんだか自分もフリースタイルができる気がしてきました！

晋 ― じゃあ、練習用ビートを使ってどんどんラップしていくべきだね。上達のためには、とにかく口に出してラップしてみること。実際に口に出してみると、「カッコいいじゃん！」「クソだせえな」「思ってたのと何か違うぞ」みたいなことも、実感として分かるはずだから。

L ― 練習しやすいビートの条件ってありますか。

晋 ― **BPM** がちょっと速めで、90 くらいのものかな。90 年代のヒップホップのインストとか、ちょうどいいかもしれない。

D ― 遅いほうが練習しやすいんじゃないですか？

晋 ― いや、少し速いくらいのほうが、流れに乗せて言葉をつないでいく練習になると思うよ。あまり遅いと、初心者がただ喋るだけではラップっぽくならないし、本当に言葉を吟味していかないとカッコいいラップも作れないから。

MEMO BPM……Beats Per Minute の頭文字。1 分間に何拍の音が鳴っているかを表す、演奏のテンポを示す単位。目安としては 60 以下だと遅い曲、130 を超えたあたりから速い曲とされる。

STEP01 「自己紹介」をラップでしてみよう

Q MCネームはどうやって決めたらよいですか?

A ある意味、名前は「キャッチフレーズ」。
一生使うってこと、くれぐれも忘れず!

 晋 ── あと、韻を踏むうえでも、バトルを目指す上でも意外と大事になるのが MC ネーム。それも早めに考えておいたほうがいいと思うよ。

 B ─ 苗字や名前そのままじゃダメなんですか?

 晋 ── ダメじゃないけど、インパクトのある名前のほうが覚えてもらいやすいから、MC ネームはあったほうがいいね。自分の名前はラップでよく使うし、相手にイジられることもある。「ファンキー加藤」とかは、いい名前だよな。「ああ、ファンキーな加藤なんだ」って一発で分かるから(笑)。あと R- 指定くんもラップする内容が浮かんでくるし、鎮座 DOPENESS さんとか**般若さん**も名前とラップが合っている。

 D ─ **MC 漢さん**も「男らしいラップをするんだな」ということが伝わってきますね。

 晋 ── そうだね、MC ネームは自分のキャラ付けになるから、自分がどういうヤツで、どんなラップをしたいのか考えて、その雰囲気に合ったものをつけてみてほしい。必ずしも現実の自分に忠実すぎる名前にする必要はなくて、「こういうキャラを演じていきたい」「こんな見せ方をしたい」という願望を投影した名前もアリだね。自分の好きなヒーローの名前でもいいし。

 B ─ ちなみに晋平太さんは、どうしてその名前にしたんですか?

 晋 ── もともとのアダ名だね。名前は「晋平」なんだけど、そのままだと座りが悪いし。

 L ─ 晋平が「座りが悪い」というのはどういう意味ですか。

MEMO | 般若……昭和レコード主宰。1998 年に「妄想族」を結成。2008 年の UMB では優勝。長渕剛を敬愛し、熱量満点のラップにファンは多い。「対戦したことはないけど、憧れのパイセンっす」(晋平太)

晋 ── 韻を踏むことを考えると、晋平の「い」で終わるより、「晋平太」の「た」で終わるほうが強い言葉を重ねやすいんだ。名前を最後に言い切って終わるとインパクトもあるし、勝った雰囲気も作れるから。

D ─ でも韻を踏みやすい名前だと、そこで相手にディスられやすいというのもあるんじゃないですか?

晋 ── まさにそう。相手にとっても踏みやすいってことだから、ガンガン踏まれるね。「インベーダー」とか「ティーンエイジャー」とか「小っちぇーな」とか、何度言われたか分からない(笑)。自分の名前で踏まれると、会場も沸いちゃうから、一長一短ではあるんだよね。あと、MCネームと合わせて使える自分のキャッチフレーズみたいなものを作っておくと便利。

D ─ Zeebraさんの「鼻息荒いシマウマ」みたいな感じですか?

晋 ── そうそう。聞くと「おお、確かにジブさんは鼻息荒いシマウマ感あるな!」って思うしね。

マルオ ── あの、じゃあ試しに僕を題材にMCネームと自己紹介ラップを作ってもらっていいでしょうか。

晋 ── やってみますか。まずはMCネーム。「MCマル」にして、こんな感じだとどうかな?

> **俺の名前は MC マル**
> **俺のラップで**
> **おまえのアナルも 引き締まる**

マルオ ── それはちょっと……もうちょい柔らかめでお願いします(笑)。

晋 ──「おいおいおい! 超ハードコアなやつ来たな!」みたいに盛り上がると思うんだけど、ダメか(笑)。

MEMO 漢 a.k.a. GAMI……2002年のB BOY PARKで優勝、2015年からはMCバトル「KING OF KINGS」を主宰。「9SARI GROUP」代表。「漢さんこそラップモンスターですね」(晋平太)

STEP01 「自己紹介」をラップでしてみよう

Q ラッパーにとって「キャラ」は大事ですよね?

A **自分を客観視しとくべき。
メタ視点からの自己分析。**

 L - **Amateras（アマテラス）**って名前の金持ちキャラのラッパーがいますけど、キャラが立ってるからすぐ覚えられますよね。

 晋 — 彼は名前もキャラも良いよね。金持ちで上から目線という設定で、それを生かしたパンチラインを次々と繰り出していけるから。

 B - でも、貧乏人が彼と同じキャラを演じるのは難しいですよね。

 晋 — 見るからに貧乏そうな人だと、「ウソじゃん」ってなっちゃうからな。これはMCネームだけじゃなくて、ラップ全体に言えることだけど、「必ずしもすべてがリアルである必要はない」。けど一方で、「リアリティがあることは大切」。リアリティがあるほうがラップは面白いからね。

 D - 「リアルより、リアリティ」ですね。「この人が言っているから本当っぽく聞こえる」みたいな。

 晋 — そうそう。ヒヨワで、でも強くなりたい……という人は、強いキャラを演じるのはやっぱり無理。でも逆に、「ヒヨワなラッパー」というキャラを打ち出したら、個性が出る可能性はあるね。

 MEMO　Amateras（アマテラス）……慶應大学在学中のラッパー。MCバトルでは金持ちキャラを売りにしたセルフボーストが武器。「裏では超礼儀正しい（笑）。ホントに金持ちっぽい」（晋平太）

自己紹介には「オチ」があったほうがウケますか?

**夢か願望もって韻踏め!
伝わらなければ意味不明。**

マルオ——僕の自己紹介ラップの続きなんですけど、「編集者」「神保町で働いている」とか、「姫路出身」みたいな情報も入れたいです。

晋——
*俺の名前は MC マル
地元姫路じゃ 有名なワル
神保町で 本を作る
いつかベストセラーの 編集者になる*

みたいな感じかな。ストーリーの流れを作りながら、細かな「てにをは」を調整してリズムを作っていく。でも最後のキメは「いつかベストセラーの編集者になる!」みたいな「願望」「夢」にするのが良い。「自己紹介ラップは、最後は一番でっかい夢で終わろう」というのがひとつコツだね。「海賊王に俺はなる!」みたいな。

B-『ONE PIECE』のそのセリフ、パンチラインですよね。

晋——それぐらい強い気持ちでいかないと面白くないんだよ。

マルオ——「マル」と「ワル」で韻を踏んでてカッコイイんですけど、本当はワルじゃなかったし……とも思いました(笑)。

晋——内容にリアリティやユーモアがあれば、多少の誇張はアリだよ。

D-ちなみに、例に出てきてるラップは 2 小節、4 小節、8 小節と必ず偶数ですけど、偶数じゃなきゃいけない決まりがあるんですか?

晋——音楽は 4 小節 1 ループで回るのが普通だから、そうじゃないものは「ここで終わり?」みたいな感覚になるし、何か気持ちが悪い。フリとオチを考えるときは 2 小節。さらに長いラップにしていくには、4 小節、8 小節という区切りで考えていくのがいいと思うよ。

Q 学校、会社、飲み会で使える
ラップを教えてください。

 A *その場にいる全員の「共感」。*
歌うことができれば、上がる評判。

 L − 飲み会でラップを披露するときのコツを教えてほしいです。アドバイスを参考に再チャレンジしたいと思います！

 晋 ── 場を沸かせたいなら、「これは絶対にみんな盛り上がるぞ」というパンチラインを1つ2つ仕込んでおいたほうがいいね。

 L − うーん。どんなことを言えばみんな盛り上がるんですかね。

 晋 ──「沸く」「沸かない」の一番大きなポイントは「共感」。だから、その場所にいる人達が共通認識として持っているものをネタにすればいいんだよ。会社の飲み会なら、そこにいる同僚や上司をネタにするのが簡単かな。貧乏揺すりがうるさい人の名前を出して、

> **マジ気になる貧乏揺すり**
> **もう無くなる辛抱する気！**

とかね。最後にちょっと韻を踏めていて、ネタにした人のモノマネも入ってたりしたら最高だね。何か職場でネタにしたいことはないですか？

 L − あります！　私の上司がキーボードを打つ音がメチャクチャうるさ

て、たぶん近くに座ってる人はみんな同じことを思ってるはず…。

晋 ── いいじゃないっすか。「自信あり気なブラインドタッチ」とか「叩くのうるせえキーボード」みたいな言葉で踏んでやりたいね。

D ─ その言葉をフリに持ってくるだけで、韻を踏みそうな気がしますね。

晋 ── あと、今の例みたいに「倒置法で固有名詞をケツに持ってくる」っていうのは韻を踏むときのコツなんだよね(後で詳しく説明)。普通の話し言葉だと、文末に使える言葉が限られるし、韻を踏める言葉も限られるけど、固有名詞なら韻を踏む言葉も見つけやすい。

> **ブラインドタッチする キーボード**
> **気になるんですけど たたく音！**

とか

> **自信満々の ブラインドタッチ**
> **プライド高いの マジ丸出し！**

みたいにスパっと強く言い切ることもできるしね。

L ─ いいですね！ 普通に会社で注意するよりも、飲み会でネタにしたほうが気をつけてくれるかもしれないし。

晋 ── 会社の飲み会みたいな場なら、悪口を言うにしても、笑える悪口にしておくのが大事かな。普通の悪口なら険悪な雰囲気になるけど、爆笑をとってくれれば、言われた人も悪い気もしないから。

D ─ ちなみに、合コンでもラップは使えますか？

晋 ──
> **酒が大好きな お調子もん**
> **飲み干すぜ酒の お銚子も**
> **だからかけてくれ 一気コール**
> **番号ゲットが 今夜のゴール**

とかラップすれば、笑いも取れるしモテたい意志も伝わるね。

STEP 02　目の前の人をディスってみよう

Q なぜバトルでは相手をディスるのですか?

A *相手よりいかに優位に立つ?*
まずはディスして雰囲気出す!

L ― 最近、日常会話でも「ディスる」って言葉を使う人が増えていますよね。ニュアンスは分かるんですけど、正確にはどういう意味なんですか?

晋 ― ディスは「ディスリスペクト (disrespect)」のこと。リスペクトの反対。尊敬という意味の「リスペクト」の対義語だね。

B ― 辞書では 「無礼,失礼」のような意味が出てきますね。「ディスる」というと、批判する、バカにする、みたいな意味ですかね?

晋 ― 相手の尊敬しかねるポイントを突くこと、って言えば良いのかな。人に冷たいとか、仕事のやり方が雑だとか、批判することはなんでもオッケー。

L ― そもそもなぜ、MCバトルでは相手をディスるんですか?

晋 ― バトルはラッパーが勝つためにスキルを競う戦い。「自分のほうが相手より優れている」と示すことが必要だから、ディスは手っ取り早くて簡単な方法のひとつなんだよね。相手の欠点を指摘できれば、「自分のほうが上だろ?」って言えるわけだから。

B ― ディスる要素がない場合はどうするんですか?

晋 ― 「このザコ。お前なんかぶっ殺すぜ」みたいな暴言でもディスになるし、「お前なんてどうせ短小包茎だろ?」みたいな憶測を言うこともあるな (笑)。やっていることは政治家のネガティブキャンペーンと似ている。ライバルの候補者について「あの人はこんなヒドいことをしていた。でも私はそんなことはしません」みたいなね。やり方が悪

ければ不快に思う人もいるし、上手く伝われば勝てる。

L ─ 的外れだったり、あまりにヒドい言い草だったりすると、逆に自分がダメージを受けてしまうんですね。気をつけないと……。

晋 ── そうだね。言葉選びを間違ったり、お客さんの共通認識を読み違えたり、あることないこと言ってたら、自分が信頼を失う。俺はディスをするにも、最低限のリスペクトがないと成り立たないと思っているから。

B ─ それはどういうことですか?

晋 ── お互いヒップホップやラップが好きで、同じステージで戦っている時点で、ふたりはお互いをリスペクトする関係だと思うんだよね。それを踏まえた上で、「だけどお前は……」「ヒップホップやバトルが好きなくせに……」とはじまるのがディス。「だけどお前は……」なんて実際口には出さないけどね。だから自分の中で、「これは本当に失礼だな」と思うことは言わないようにしてるな。

D ─ 「大会のルールの中で、リスペクトを持って戦おうぜ」という前提で悪口を言い合うのがディスというわけですね。

晋 ── まさにそうだね。

B ─ 「ビーフ」という言葉も聞きますけど、それも同じ意味ですか?

晋 ── ビーフはフリースタイル・バトルの外でお互いをけなし合うこと。だから、怒りはより本物に近い。あと、揉めていることやムカつくことを、多くの人に知らしめる行為でもある。注目を集める機会だから、ラッパーとしては美味しい場合もあるんだけど、戦い方を間違えたら、キャリアに泥を塗ることにもなるね。

Q 「ディスれ」と言われても、言葉が浮かびません…。

A **とりあえずディスれと言われたら…
まず最初は「見た目」から。**

L―いきなり「ディスれ」と言われても、言葉が思い浮かばなくって……。

晋――まず簡単なのは「見た目」のディス。「髪型がダサい」とか、「服装がヘン」とかね。オールドスクールなやり方で軽視されがちだけど、フロアを沸かせるために必要なのは「共感」。だから、視覚を通して誰にでも通じる見た目へのディスは盛り上がりやすいんだよ。「声がヘン」とかも、聞けば分かるから共感を呼びやすいかな。

B―知らない人と対戦したら、見た目くらいしか情報がないですもんね。

晋――対戦相手が早めに分かってるなら、情報収集をしておくのも戦略。「お前のことなんか知らねえよ！」っていうディスもアリだけどね（笑）。

L―お互いがディスり合うバトルは盛り上がりそうですよね。

晋――でも反応しないヤツもいるんだよ。バトルには「相手の言ったことに反応する」「無視して違う話をする」という2択があって、バトルの中では常にどちらかを選択しなければいけない。相手のディスを無視しつつ、自分のことをラップして、相手を踏み潰すのもひとつの戦略ではあるんだよね。ただ、あまりに話が咬み合わないバトルはやっぱり面白くない。会場が沸いた決定的なディスを無視すれば、観客にも「逃げたな」って印象になるしね。

Q ディスにNGワードはありますか?
A NGはないけど、持ちなポリシー！その美意識こそがオリジナリティ。

 L-バトルではいくら相手のことをディスってもOKでも、言っちゃいけないこともありますよね。例えば「死ね!」とか。

 晋──いや、「死ね」くらいはご挨拶程度で全然アリ。ディスの線引きは本人の美意識の問題だから、「これを言ったら絶対ダメ」というルールは特にないね。

 B-晋平太さんは「これは言わない」って決めてることはあるんですか。

 晋──人としてダサいこととか、あまりに陰湿な感じの攻め方はしないようにしてる。その人の家族のこととか、バトルに関係ないプライベートを取り上げるようなネタは嫌いかな。プライベートの裏側を暴露されて、会場が沸いたりすることもあるけど、見ていて気持ちがいい試合じゃないよね。あと差別用語を使うヤツもイヤ。そう考えていくと、原点回帰で見た目をディスるのはやっぱりアリなんだよね。

 D-晋平太さんは若いラッパーから挑戦を受ける立場だから、知らない相手と戦うことが多くて、ディスるポイントを探すのも難しそうですね。

 晋──若い駆け出しのラッパーが相手の場合は、スキルのことをバカにするのもカッコ悪いからね。やっぱり「どんなディスはしないか」は美意識の問題。俺が意識しているのは、常に正統派であること。チャレンジャーの立場でいる人は、なりふり構わず汚い手を使って勝つことも、時にはアリだと思う。でも、俺は正々堂々と戦いたい。たぶんラッパーそれぞれに違った信念があると思うし、強いラッパーはそこを曲げずに戦ってると思う。

STEP 03　セルフボースト（自己賛美／自己顕示）をしよう

Q どういう自慢がウケますか?

A ちょっと大げさな自己賛美。
クスっと笑えればイイカンジ。

- **D**──あと、ラッパーは「俺はこんなにすごい!」という自慢もバトルでよくしますよね。

- **晋**──「セルフボースト（自己賛美）」のことね。「俺はこんなに優れている」「俺のスキルはこんなにすごい」とセルフボーストをするのは、MCバトルに限らずヒップホップのカルチャーのひとつ。ヒップホップは自分の置かれている環境や個性を発信していくものだからね。だからいちど自己紹介ラップを作った後は、セルフボーストを意識した自己紹介ラップを作ってみてほしい。「俺は青山生まれのシティボーイ」「慶応出てるエリート」でもいいし、「ド田舎からここまで這い上がった」「中卒だけど会社のリーダー」でもいい。

- **D**──その人次第でいろんなセルフボーストの仕方があるというわけですね。「モテる」とかでもいいんですか?（笑）

- **晋**──もちろんオッケー。モテそうに見えないやつがそういうラップをして、

「え、お前モテんの？（笑）」みたいに笑いが取れたら一流だね。

D-俺、実際はモテないんで、それできるようになりたいっす（笑）。

晋──セルフボーストは自慢なんだけど、ただの自慢じゃなく、人を喜ばせるもの、楽しませるものにしてほしい。本当にタダの自慢だと、聞いてる方も「で?」って感じで悪印象になることもあるから。そうしないためには、話を面白く作り込んだり、韻を踏んで沸きどころを作ったりすることが大切になるんだよ。

B-じゃあ面白くセルフボーストできてれば、誇張やウソがあってもオッケーなんですかね？「お前それ言いすぎだろ（笑）」みたいな。

晋──そうだね。そこは誇張の仕方でもスキルとセンスが出る。

D- **俺は東京生まれ HIP HOP 育ち**
   悪そうな奴はだいたい友達

とかはセルフボーストの一例ってことですよね。

晋──最高の見本だね。「HIP HOP 育ち」ってフリの時点で面白いし、「悪そうな奴はだいたい友達」なんて鬼パンチラインだから。

B-みんなパロディにしていますよね。

晋──それだけ出来が素晴らしいんだよ。みんな一生記憶に残るでしょ？ NHKの番組で大喜利をやったこともあったな。「俺は東京生まれ○○育ち　○○な奴はだいたい友達」って。

俺は東京生まれ ニコニコ動画育ち
生主のヤツはだいたい友達

とか。誰でも作れるはずだから、トライしてみてほしいな。

Q ラップにおける事実の誇張はOK？

A リアルよりもリアリティ。無理やりすぎたらイマイチ。

B ― さっきから「誇張する」「話を作り込む」って話が出ていますけど、極端な話、ウソを言ってもいいんですか……？

晋 ― リアリティがあって、本人のキャラクターに合っていれば、俺はウソでもいいと思うよ。『ストレイト・アウタ・コンプトン』という映画を見てもらえば、そのことが分かると思う。**N.W.A.** は、暴力的な日常をテーマにしたラップを歌ってきたグループなんだけど、実際にメンバー全員がそういう生活を送っていたわではないんだよ。

D ― 見ました！ 本当は、そこそこ育ちがいい人たちなんですよね。でも彼らのラップが熱狂的に支持された、というのが面白かったです。

晋 ― そう。ある種のフィクションなんだけど、それが世の中で支持されたんだよね。映画でも小説でもフィクションは許されるのに、なぜフリースタイルではそれがだめなのか？ って俺は思うけどね。

D ― ヒップホップでは「リアル」ということを重視しますよね。

晋 ― 「リアルとは何か」の考え方が、人によって違うんだよね。N.W.A. がギャングスタの生活をラップにしたのも、虐げられている人のことを歌詞にして、俺たちは権力に屈しないと伝えたかったから。だから自分の信念を表現する上で、誇張や脚色をするのはいいと思うよ。

B ―
今日勝つために 生まれてきた
今日勝つために 負け続けた
今日勝つために 立ち上がった

っていう晋平太さんのラップも一種の誇張ですか？

晋 ― 100％リアルな言葉じゃないけど、そう言うことで「すべてはこの戦いに勝つためだ！」という意志は観客に伝わる。だから大げさな言い方をするのもひとつのテクニックなんだよ。

STEP 04 「韻」を踏む練習をしよう

Q ダジャレとラップの違いは？

A *意味がつながらなきゃダジャレ。*
意味と韻がつながればオシャレ。

晋——韻を踏もうとすると、普通じゃあり得ない言葉の結びつきが生まれるのが面白いんだよね。韻を踏むために、無理くり言葉をつなげていくのもひとつのテクニックだし、その過程で面白い文章やおしゃれな文章が生まれる。俺が日本語ラップで最高の韻のひとつだと思うのが、日本に韻を踏むラップを咀嚼して広めた大先輩 **K DUB SHINE さん**の、

> **ホントいつもしてた親不孝**
> **そのうち連れて行くよオアフ島**

なんだよね。

 MEMO N.W.A.……1986 年にカリフォルニア州コンプトンで結成されたギャングスタ・ラップの草分け的存在。2015 年公開の『ストレイト・アウタ・コンプトン』も大ヒットした。「映画、マジ最高っす！」（晋平太）

D─韻を踏んでいる上に面白いんですよね(笑)。

晋──「昔は悪さをして親を泣かせたけど、ちょっと成功したんだな。それで親に恩返ししたいんだな」という気持ちとストーリーが、2行でちゃんと伝わってくるでしょ？「親不孝」「オアフ島」は母音も字数も完璧に揃っているし。2行の中にこれだけの情報や気持ちを入れて、それをインパクト強く伝えるには、韻がやっぱり有効なんだよね。

L─「さんざん親を泣かしてきたので、そろそろ両親をハワイに連れてこうと思います」と言うだけなら普通の話ですもんね。

晋──そう。全然伝わり方が違う。俺も日々、こういう韻を探しているし、面白い韻で人を「やられた！」って驚かせたいって思ってる。

B─バトルでは、限られた小節の中に言葉を詰め込まなければいけないから、韻を踏むことも大事になるんでしょうね。

晋──そうだね。意味が成立していて音も合っている「本ジャレ」を俺はラップしたい。韻は踏んでるけど、文脈が甘いものとか、成立していないものは、やっぱりダジャレなんだよね。だから「韻を踏むのってダジャレでしょ？」って言われたくないなら、「K DUB SHINEのように韻も中身も揃えてこいよ！」って言いたいね。広告のコピーで韻を踏んでいたり、ラップがCMになっていたりすることも増えているし、韻を踏む文化がさらに広まれば、そういった広告の世界は次の次元に進めると俺は思う。さっきのK DUB SHINEさんのラップも、ハワイ旅行のキャッチコピーに全然使えるでしょ？

D─韻は言葉のインパクトを強くするうえで有効で、だからこそ使っている人が多いわけですね。

晋──韻がキレイに揃ってて意味も成立してたら、それだけで無条件に「おぉ〜！」って反応があるじゃない。それくらい抗えない面白さとスリルがライムにはあるから、俺はそれを追求したいんだよ。

MEMO K DUB SHINE……Zeebra、DJ OASISと結成したキングギドラで日本語ラップの礎を築く。「ジブさんと並ぶ俺の原点。BLENDZ VERSIONのMIX CDが超カッコいい」（晋平太）

いちばん使える「韻」

① 脚韻(きゃくいん)

晋 ── 韻にもいくつかの種類がある。まず、一番オーソドックスな韻が脚韻。小節の最後、話の終わりのところで韻を踏むということ。自己紹介で作った、

商社勤務の サラリーマン
常に働くぜ 朝昼晩

とかは脚韻の一例だね。

B ─「サラリーマン」と「朝昼晩」で韻を踏んでいるわけですね。

晋 ── そう。この脚韻をするために、ラップでは言葉をあえて倒置法にしたりして、独特の語順を作っていく。たとえば、普通なら「俺は東京で生まれました」というのを、

俺が生まれたのは ここ東京
ラップで歌う街の状況

と言い換えるのは、「東京」をケツに持っていったほうが、次の小節と韻を踏みやすくなるから。

D ─ 小節の最後で韻を踏んでいたほうが印象に残りやすい……ということもありますか?

晋 ── そうだね。それは日本語と英語の構造の違いの話になってくる。例えば日本語の「音楽を作る」という文章は、英語だと「I make music」になる。だから英語だと「music」という名詞で韻を踏める。それが日本語の普通の語順で韻を踏もうとすると、

音楽を 作っていく
本格的に 目指している

みたいに頭で韻を踏む形になる。でも、口に出してみると分かると

STEP04 「韻」を踏む練習をしよう

思うけど、頭韻は印象が弱いんだよ。

D-たしかに「音楽」と「本格」が重なっていても、そこまで耳に残らないですね。

晋――そう。だから、

俺が作っているのは音楽
ビートとライムをさせるぜ婚約

という語順にする。日本語としてはちょっと不自然だけど、そのぶん脚韻を踏みやすくなるし、脚韻のおかげでパンチが強くなるというわけ。

L-じゃあ倒置法にするというのは、韻を踏みやすい英語の語順に日本語を並べ替える……ということでもあるんですね。

晋――そうだね。それを必死に考えて生み出したのが、アメリカからラップを輸入した日本語ラップの偉人たち。

D-キングギドラとかですよね。

晋――そう。K DUB SHINE さんとか Zeebra さんとか、**MICROPHONE PAGER** とかね。彼らがそういう韻の踏み方を生み出したときの衝撃は、今では想像できないくらい大きかったと思うよ。「俺が生まれたのはここ東京　街を見下ろす歩道橋」みたいなことを言っても、今なら「お、ラップ？」みたいに反応してくれると思うけど、当時は「え、何それ？すごい！」って感じで、革命的だったと思うし。

MEMO | MICROPHONE PAGER……MURO、TWIGY、P.H.FRON、MASAO、DJ GO で 1992 年に結成。日本語ラップシーンに大きな影響を与えた。「MURO さんのラップ、大好きです」（晋平太）

頭にアクセントをつけよう

② 頭韻(とういん)

晋 ── 脚韻以外の韻の種類として挙げられるのが頭韻。さっき例に出した、

> **音**楽を作っていく
> **本**格的に目指している

も一例だね。頭にアクセントをつけながら発声するのがポイント。

B ── あまりバトルでも見かけないですね。

晋 ── 踏んでたとしても、印象に残りにくいからね。

> **あ**からさまに**頭**にきて**温**まってる

も「あ」の母音を3つ重ねて、それでリズムを刻んでいく頭韻だね。

L ── たしかにリズム感はうまれそうですね。

晋 ── たとえば「音」と「古都」という言葉だったら、言葉を置く場所によって頭韻にも脚韻にもできる。

> **音**が鳴ったら はじまるぜ
> **古都**京都から 俺は来た

という位置で言葉を重ねたら頭韻になる。それが、

> ビートと共に 鳴っている**音**
> フロム京都 またの名を**古都**

としたら脚韻になるということ。

たたみかけてリズムを作ろう

③ 1文字の韻

晋 ── あと、1文字の母音をババババっと重ねるものもある。これはカッコいいから、スキルの見せ所だね。

B ─ 具体的な例ではどんなものがあるんですか？

晋 ── 俺がバトルでやったことがあるのは、

> *1位*と*2位*じゃ*地位*が違うし *2位*でいいならば一生ビリ
> *1位*でも*2位*でもいいなら どうでもいいし
> *2位*じゃヤダから *1位*の*地位*まで*位置*について*用意*

みたいな感じかな。こうやって極端に繰り返すと、頭韻でも盛り上がるんだよね。

L ─「い」の音をひたすら重ねていくんですね。確かに普通の韻とは違う感じがします。

晋 ── そう。母音が「い」になる言葉をできるだけ詰め込んでいく感じかな。韻のパターンとしてはこれくらい。でも基本は脚韻だね。

D ─ じゃあ僕らは、まず脚韻を覚えればいいんですか？

晋 ── そうだね。その脚韻が、文字数と母音がバッチリ合っていたり、言葉が長かったり、言葉の組み合わせが意外だったり、響きが面白かったりすると、よりインパクトが強くなる。そこがセンスの見せ所ってこと。

Q 韻は連続して踏まないとダメですか?

A *ライムは2小節のストーリー。*
なってないとされる素通り。

晋——韻を踏む場所の距離が離れすぎていると、印象に残りにくくなる。

① 俺はいつもしてる練習
② そのために毎日研究
③ 俺はしてるぜシミュレーション
④ 365日 1年中

というように、1、2小節目で踏んで、3で踏まずに4小節目で踏めば、ひとつ離れた4小節目も韻を踏んでいるのが分かりやすいと思う。これだとどう?

① 俺はいつもしてる練習
② 磨き続けてるのさラップをな
③ 俺はしてるぜシミュレーション
④ 365日 1年中

B-何かインパクトが薄いですね。

晋——そう、「練習」と「年中」で踏んでいる印象が薄くなる。もちろん2小節以上離して韻を踏むこともあるけど、マニアックだね。

STEP04 「韻」を踏む練習をしよう

Q 韻を踏みやすくするワザはありますか?

A *めちゃくちゃ便利*「まるで」と「like a」。
知らないヤツはマヌケなライマー。

晋——韻を踏みやすくするコツも教えておこうか。ひとつは、さっきも説明した「倒置法」。普通に日本語を喋ると、最後は「です」「ます」「だ」「である」みたいに決まった形になっちゃう。前に例に出した「ブラインドタッチの音がうるさい」も、「うるせえんだよブラインドタッチ」にすると、次の韻のバリエーションに広がりが出たでしょ。

L-でも、とっさに倒置法で自然な文章を作るのも大変ですよね。

晋——「まるで○○」「like a ○○」みたいな「比喩表現」をすると、自然に固有名詞をケツに持ってこられるよ。

> *そのうるささは まるで掃除機*
> *もう聞いてられないぜ正直*
>
> *俺は like a やくみつる*
> *どんなディスでも ギャグにする*

とかね。「まるで」と「like a」は意味としては同じだから、その時々の言葉との相性で使い分けるといいと思う。いずれにせよ、その後に名詞を置けるから、キャッチーな聞こえ方の文章を作りやすい。あと、応用として、英語に言い換えて韻を踏みやすくするワザもある。

> *練習は英語で プラクティス*
> *いつの日か生み出す クラシックス*

倒置法と比喩を覚えるだけで、グッと韻は踏みやすくなるね。

Q カッコいい韻とカッコ悪い韻の違いは？

A *カッコいい・悪いは個人の美意識。*
まずはノートに書け、ラップをびっちり。

B-頑張って韻を踏む言葉を見つけられたとしても、それがカッコいいラップにできそうにないんですよね……。

晋── それは韻以外の部分の問題だろうな。ひとつの可能性は、「そこにストーリーが見えない」ということ。きちんとフリがあってオチがある……というセット感がある形で韻を踏めていたら、そこにストーリーが見えるし、カッコよさも倍増するはずだから。

D-ただ言葉の最後で韻を踏んでいるだけじゃダメなんですね。

晋── ダメじゃないけど、さっき言ったようにダジャレっぽく聞こえちゃう。でもダジャレみたいな韻でも、数を重ねればカッコよくなることもあるし、語感が面白ければそれだけでインパクトがあったりするし、ケースバイケースだろうね。俺はカッコ悪い韻というのは基本的にないと思うから、いろいろ言葉を探して試してみるといいと思う。

L-初心者だと、ただ韻を踏めているだけで楽しいですもんね。

晋── そうだね。だから最初は、2小節のストーリーを作ることを意識しながら韻を踏んだらいいんじゃないかな。2小節でひとつの話になっていれば、それを1セットとして使えるし、記憶にも残りやすくて、とっさのときに出てくるから。

❓ 「堅い韻」とは？

🅰 *母音を合わせれば、韻が堅い。*
それをクリアするのが、みんなの課題。

L ― よくフリースタイル・バトルで審査員が「堅い韻」という言い方をしますけど、あれはどういう意味なんですか？

晋 ―― 脚韻が4連発くらい続く、そのセット感が「堅い」という意味で、そういう言い方をするね。例えば目の前にペットボトルのお茶「綾鷹」があるけど、これで、

> *目の前には 綾鷹*
> *これがラップ 分かったか？*
> *相撲取りは 若貴*
> *ちゃんと学びな マザーファッカー*

とラップしたら脚韻が4連発。これだと2連発とかと比べて「ライム堅いね」という言い方をされるわけ。今はとっさに例に出した4連発だから意味はそんなつながってないけど、本当に「堅い」と言えるものは、文字数までピッタリ合ってなきゃだめ。例えば、

> *目の前には 携帯*
> *したくない 停滞*
> *常に着る 迷彩*
> *なぜなら俺は 兵隊*

みたいに文字数も揃って母音がキッチリ合っていると、「パーフェクトライム」という言い方もする。

B ― 文字数も4文字で揃って、母音もすべて「えいあい」ですね。すごい！

Q 韻のボキャブラリーを増やすには？

A **いい単語に一目ボレ。した時はきちんとメモれ！**

晋——最初のうちは、「この単語が出てきたらこれをつなげて言おう」みたいな感じで、思いついた韻を忘れないようにメモしておいたほうがいいだろうね。スマホでメモってもいいし。俺も昔はノートを作って、面白い言葉で韻を踏めたときとかは、2小節のストーリーにしてまとめるという作業をしてたな。今も、ものすごい面白い言葉を思いついたら、サッと書き留めることはあるし。

B-やっぱり2小節という単位がここでも大切なんですね。

晋——「フリ」と「オチ」を作れて、ひとつの完結したストーリーになるからね。面白い言葉を見つけたら、それで韻を踏んでストーリーにしてみる練習は、フリースタイルの上達にすごく有効だと思う。

D-そういう積み重ねで語彙を増やしていけるわけですね。

晋——あと、実際に口に出してみることがとにかく大事。何度か口に出すことで記憶にも定着するし、「どういうふうに使おうか」「どんなリズムに合うかな」ということも考えられるから。あと、意味を知らないけど面白い言葉を見つけたら、それを辞書やネットで調べてみるのも、語彙を増やすうえで大事。どんな言葉で韻を踏めるのかも考えて、それを覚えておくとバトルでも使いやすくなるね。

L-じゃあテレビとか街中で面白い言葉を見つけたら、メモっておいたほうがいいですね。

晋——そうだね。流行語とか、響きがキャッチーな言葉は、それだけでバトルでウケやすいから。R-指定くんとかは、そのセンスが抜群なんだよ。あと、たとえば2016年は「ゲスの極み」って言葉を、いろんなラッパーが使ってたんじゃないかな。

L-たしかに「ゲスの極み」が出てきたら、ラップがよく分からない人でも「おお！」って驚くし笑っちゃうかも（笑）。

晋——でしょ？　タイムリーなものはそれだけ強いんだよね。

Q 母音がいくつ合っていれば韻と呼べるのですか?

A *最初は「母音2つ」でオッケー。*
無理に合わそうとしても滑稽。

B ― 韻を踏みやすい単語ってどんなものがあるんですか?

晋 ―― たとえば「東京」とかの短い単語かな。上京、状況、衝動、方法、向上、表情、上々、症状、少々……みたいな感じで一生踏んでけるくらい。

L ― これくらい短い言葉だと母音は完全に揃ってないとダメなんですね。

晋 ――「東京」と「勉強」だと、前の例と比べると韻を踏んでる感が弱くなるよね。「きょう」は踏んでるけど、響きとして個人的にはナシ。

D ― でもラップをはじめたばかりの人は、最後の「きょう」さえ踏めてれば、まあ良しなんですよね?

晋 ―― そうだね。「きょう」の部分を強調して発音すれば、ガッチリ韻を踏んでるように聞こえるし。2つの母音が踏めてればOKじゃないかな。

B ― 小っちゃい「っ」とかはどう扱えばよいですか?

晋 ―― 短い単語の場合は「っ」が一文字増えるだけでも気になる。例えば「聞く」と「キック」とか、「人」と「ヒット」とかだと、もう全然違う単語でしょ? でも、長めの単語の場合は、そんなに気にならない。「ポテトチップ」と「ポケットティッシュ」とかね。

STEP04 「韻」を踏む練習をしよう

Q 韻を見つけるいい方法はありますか?

A *見つけよう、言葉の母音を。*
そのクセをつけるのがポイント。

晋――単語を母音として認識できるようにすることも、韻を見つけるコツだね。

L―母音に分解するというのは、アルファベットに分解するということですか?

晋――アルファベットにというより、「あいうえお」の母音だけの形に分解していく、という感じかな。たとえば「春」も「買う」も、母音にすると「あう」で同じ、ということ。だから五十音の表で、「あいうえお」の横の段が重なってれば韻が合っているということになる。

B―「出会い」と「世界」が「えあい」で同じ……とかですね。

晋――「母音が揃ってるかな」と思った言葉は、口に出してみることが大事。そうすれば、「少し母音がズレてるけど、言い方を工夫すれば韻を踏んでるように見せられるな」と気づくはずだから。

D―すべての母音が重なっていなくても、韻を踏めているようにみえることがあるんですか?

晋――あるね。要するに言葉の響きが似ていることが重要なんだよ。さっきも例に出したけど、「ポテトチップ」と「ポケットティッシュ」は言葉の雰囲気は似ているけど、語数も母音も微妙にズレている。

L-確かにそうですね。

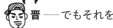**晋**——でもそれを、

さっと取り出したポケットティッシュ
ぬぐうのさテーブルのポテトチップ

みたいなラップにすると、何か韻を踏んでいるような印象になるんだよ。語数のズレとかは言葉の詰め込み方で同じように見せられるから。全然踏めてないのを「いけるっしょ！」ってブチ込んで、踏んでるっぽく聞かせるのもテクニックだね。

B-あと「教科書」は母音だけで表すと「おうあお」ですよね。晋平太さんは教科書と聞いた瞬間に「お、う、あ、お」というのが浮かんで、それに合うものを考えるという感じなんですか？

晋——うーん。母音だけにする練習はやってきたけど、実際に頭のなかではそういう考え方はしていないね。ラップは文字で届けるものじゃなく、声に出して届けるものだから、母音や字数の揃い具合よりも音で判断している部分が大きいと思う。例えば「教科書」「放課後」という音に対して、俺は「コーラを」とか「この野郎」みたいな韻を思いつくけど、「この野郎」は韻にすると「おおあおう」だよね。

L-字数も違いますね。

晋——そう。でも、ラップの仕方次第で音としてはかなり近いものになる。例えば母音が「あ」の部分が「お」になってたりすると、それは踏んでるようには聞こえないけど、「お」が「う」に変わったり、「う」が「ん」に変わるようなパターンなら、意外とズレは気にならなかったりする。

D-母音や字数の正確さにこだわりすぎるのも良くないと。

晋——韻なんて本来目で見るものではなくて、音で聞くものだから、「音の響きが似ていればいい」と俺は思うね。そこで1文字ズレていようが、2文字ズレていようが、響きがバシッときたらＯＫ！

L-みんながピンときていたら、「こんなに母音ズレてるのに！」と言っても仕方ないですもんね。

Q 「倒置法」を使わなくても カッコいい韻は踏めますか?

A 力強い言葉はとてもシンプル。無理せず自然に、サラッと韻踏む。

D ここまで、倒置法を使って脚韻を踏む方法を教わってきましたけど、動詞でシンプルに韻を踏んでいるラッパーの曲もありますよね。たとえば **RHYMESTER** の「ONCE AGAIN」の **Mummy-D** の歌詞は、最後を「あえあ」の母音でずっとそろえ続けて、リズム感を出しているのかな、と思っていました。こういうのもテクニックなんでしょうか?

> *俺は生身のままで それに耐えた*
> *いつか生身のままの 君に会えた*
> *君は生身の声で 褒めたたえた*
> *俺は生身の声で そいつに応えた*

晋 Mummy-D さんは本当に美しく音的なライムをできる人。これは語尾の母音「あえあ」で3文字踏んでるけど、何文字踏んでるとか、パーフェクトライムとかにこだわってはいない。無理に踏まなくても、シンプルなライムでものすごい響くラップができる人なんだよね。

L 日本語の自然な語順も守りつつやっていますよね。

晋 そうだね。MC バトルでも、必ずしも高度な韻が勝つために必要なわけじゃない。シンプルな韻でも、インパクトのある言葉なら会場は沸くから。

D Mummy-D はフロウに独特のものがありますよね。

晋 歌心があるよね。それに、あえて韻をシンプルにしよう、シンプルにしようと意識して書いているリリックということも伝わってくる。だから美しいんだと思う。

MEMO RHYMESTER……1989年結成。現メンバーは宇多丸、Mummy-D、DJ JIN の3人。日本を代表するヒップホップグループ。「みんな大好き RHYMESTER。嫌いな人ってマジいないよね」(晋平太)

Q 「パンチライン」って何ですか?

A 記憶に残る言葉がパンチライン。韻踏んだら効果は倍の倍。

L ─「パンチライン」って言葉も聞きますけど、どういう意味ですか?

晋 ── グサッと刺さる一節とか、記憶に残るセンテンスとか、そんな感じかな。だから別に韻を踏んでなくても、パンチラインと呼ばれるものはある。もちろん韻を踏んでいるものだと、よりカッコいいけどね。

B ─ 日本語ラップの有名なパンチラインには、どんなものがありますか?

晋 ──「俺は東京生まれヒップホップ育ち」なんかはそうだよね。それ以外だと「蝶のように舞い蜂のように刺す」(**SOUL SCREAM**「蜂と蝶」、Zeebra「I'M STILL NO.1」ほか。もともとモハメド・アリの言葉)とかかな。あと「気持ちがレイムじゃモノホンプレイヤーになれねえ」(BUDDHA BRAND「人間発電所」)「自分が自分であることを誇る そういうやつが最後に残る」(K DUB SHINE「俺は俺」)とかね。

D ─ やっぱり90年代日本語ラップの言葉が多いですね!

晋 ── そうだね。俺が世代だったってこともあるけど。「決して譲れないぜ この美学 ナニモノにも媚びず己を磨く」(RHYMESTER「B-BOYイズム」)もそうだね。やっぱり曲のサビになってる部分が多いな。

L ─ 観客が日本語ラップが好きな人が集まってれば絶対に沸きますよね。

晋 ── 日本語ラップIQが高ければね。逆に『フリースタイルダンジョン』を観てラップを好きになったばかりの人が大半だったら、それは響かないかもしれない。今はMCバトルがブームになったことで、こういう日本語ラップ・クラシックのパンチラインが通用しない会場も増えている。バトルに出る人は、そういう客層まで意識しなきゃいけないと思うな。

 MEMO | Mummy-D……RHYMESTERのMC。ギタリスト竹内朋康とのユニット「マボロシ」でも活動し、客演も多い。「ラップはもちろん、Dさんの作るトラックもカッコいいんですよ」(晋平太)

STEP 05 クールな「フロウ」の練習をしよう

Q フロウとは？

A *流れる川のように続く。ビートに合わせて韻を紡ぐ。*

晋 ── フロウはラップの中で定義が難しい言葉のひとつ。「ビートに対するアプローチの種類」「歌いまわし」「抑揚の付け方」「ラップの展開」。いろんな言い方ができる。「もっとフロウしな」みたいな言い方をする人もいるけど、その言い方はちょっと違うなと思う。英語の意味を調べれば分かると思うけど、「流れる」という意味なんだよね。

B ── 辞書を調べたら「(絶え間なく)流れる、流れ出る、わき出る、流れるように動く、流れるように通る」みたいな意味が出てきました。

晋 ── 「流れるようなフロウ」とも言うよね。だから、どれだけビートに乗って、言葉を流れるように紡いでいくか……ということかな。ラップが速い遅いというのは関係なくて、「どれだけ滑らかであるか」。もしくは意外性のある言葉の紡ぎ方のパターンであるかということが大事。

MEMO SOUL SCREAM……日本語ラップの黎明期から活躍するグループ。「蜂と蝶」は 2MC の多彩なフロウで聞かせる日本語ラップのクラシック。「DJ CELORY さんにマジお世話になってます」（晋平太）

L-韻を踏んでなくても「流れるようなフロウ」と言えるんですね。

晋──そうだね。ただ、リズムよく韻を踏むことによってフロウを生み出すこともできる。最初は小さな声ではじめて、徐々に大きくしていって最後にウワァっ！と大きな声になるのも、ラップの流れ＝フロウだね。

B-ラップの途中に歌っぽくなって、メロディーを歌うようなパターンもありますけど、あれは流れるようなフロウと言えるんですか？

晋──ただ歌を歌えばいいわけじゃなくて、ポイントはどれだけバックトラックの音に合っているかということ。歌うようにラップしていても、音とズレてたらフロウが巧みとは言えないからね。

D-フロウが巧みなラッパーは？

晋──やっぱり**鎮座DOPENESSさん**かな。

B-彼のラップは別に速くはないですもんね。

晋──そう。彼のラップは切るとこは切って、つなぐとこはつなげている。「音に乗っている」って言えばいいのかな。音に乗っているかどうかは、フロウを考えることにおいて重要だね。

D-僕のイメージだと、RHYMESTERは宇多丸さんは韻を重視していて、Mummy-Dさんはフロウが巧みという印象があるんですけど。

晋──Mummy-Dさんは確かに歌うようなフロウを見せるラッパーだね。あとSOUL SCREAM「蜂と蝶」はトラックもクラシックだし、HAB I SCREAMとE.G.G.MANというふたりのラッパーはタイプはぜんぜん違うけど、それぞれフロウが美しい。

 MEMO | 鎮座DOPENESS……。独特のフロウを武器にUMB2009で優勝。KAKATO（環ROYとのユニット）としても活動。「俺とのバトル動画は有名だよね。『拙者が運転者』のグッズ作ろうかな（笑）」（晋平太）

STEP 06 目に入るものでひたすらストーリーを作ろう

Q どこでもできるラップの練習はありますか？

A *目に入るものでひたすらラップ。ストーリーにできたらレベルアップ。*

B －僕みたいな初心者がひとりでできる練習はなんですか？

晋 －「目に入るものでひたすらラップをしていく」という練習は、どこでもできるな。家なら、部屋の中で見えるものでラップしてもいいし、テレビにラップでツッコんでもいい。電車移動中なら、駅名とか町の名前で韻を踏む言葉を考えたりとかね。

B －たとえば、いま部屋の中にあるものだと、どんなラップができますか？

晋 －そうだな……。こんな感じかな。

> *目の前にある スピーカー*
> *足に履いている スニーカー*
> *その横にある テレビ*
> *そいつをチャンネルつけて 見てみ？*

B －本当に目に入るものを次々と取り上げて、韻を踏んでいくんですね！

晋 －1個1個片付けていく感じかな。とにかくラップを続けること。

L －韻が踏めなくても、ずっと続けたほうがいいんですか？

晋 －情報をひとつひとつ片付けていくうちに、その続きが見えてきて、韻を踏めたりする。だから続けることが大事なんだよ。いきなり「完璧な8小節のラップを作ろう」みたいな目標は持たないで、最初の目標はストーリーのある2小節のラップを作ることだね。

Q ストーリーの作り方は？

A 良いところ・悪いところ、箇条書き。フリとオチにすることが鍵。

> **L** ― 目に入るものでラップをしてみようと思ったんですけど、何か情報が無限にありすぎて難しいんですよね……。

晋 ― そういうときも「ストーリーを作ること」を意識するのが大事。単に韻を踏む言葉を探すのではなく、フリとオチのある話にしてみる。あと自己紹介の時と同じように、ラップのネタにするものの特徴を箇条書きにしてみるのもいいかもね。いいところ or 悪いところを複数挙げて、それをもとにストーリーを組み立てるとか。たとえばスマホでやってみようか。「写真が撮れる」「ネットができる」「友達と連絡がとれる」といった特徴を盛り込むと、以下のような感じ。

> ***スマホで友達と 取る連絡***
> ***今すぐ練ろう 旅行の計画***
> ***ネット予約 使いなアプリ***
> ***写真も撮ろうね たっぷり***

逆に「お金がかかる」「しばられる」「電池が気になる」といった特徴を入れるとこんな感じ。

> ***カネがかかるし 荷物になる***
> ***使えば充電 すぐなくなる***
> ***つながっていても 薄くなる LOVE***
> ***監視されすぎて ウザったくなる***

今は全要素をブチ込んだけど、2つで面白い話にできるんであれば2つにしてもいいし、ひとつでもいい。ただ練習のときは「挙げた要素を全部入れる」みたいな縛りを設けるのもいいんじゃないかな。

Q 2小節には慣れたけど、8小節は長くて無理そう。

A 話題がなくなったら連想ゲーム。
オチを決めるのが伝統芸。

D - 2小節とか4小節のラップを作れても、8小節まで続けるとなると、ちょっとむずかしい気がするなぁ。

晋 ── フリースタイルをはじめたばかりの人は、長く感じるだろうね。コツは話を膨らましていくことと、一番インパクトのあるパンチラインを最後に持ってきて、力強く言い切ること。小節が長くなっても、結局言いたいことは同じで、ひとつだけだったりするからね。

L - じゃあ8小節のフリースタイルの場合は、フリ→オチの2小節×4みたいな構成にはならないんですか?

晋 ── 4つもオチがあったら最高だけど、毎回それはムリだろうね。それに、2小節ごとに違う話になっていたら、全体としてストーリー性も薄く感じられるし。だから連想ゲーム的に言葉を紡いでいって、薄くでも全体につながりがあるラップのほうが、強く印象には残るはずだよ。

B - でも、言葉の連想でラップを続けていっても、途中でネタが切れたり、話が終わっちゃうこともあるんじゃないですか。

晋 ── あるね。そうやって走り切れなかったら、途中で話を切り替える。フリースタイル・バトルでも、4小節を境にガラッと話を変える人はけっこう多いから。

L - バトルを見ていてもありますね。じゃあ4小節の話を2つ思いつけば、8小節のラップはできるということですね。

晋 ── そうだね。「2小節のフリとオチのラップを考える→それを4小節のオチに持ってきて、前の2小節では付随する話をラップする」ってのがいちばん簡単かな。たとえば「綾鷹」でラップをするとき、

そのお茶の名前は 綾鷹
　　飲んで違いが わかったか

という2小節のフリとオチを考えられたら、それを3〜4小節目に持ってくる。それで1〜2小節目では付随する話をする。3つ例を作ってみたけど、こんな感じ。

　① 急須で入れた ようなにごり
　② フレッシュな茶葉 一番搾り
　③ そのお茶の名前は 綾鷹
　④ 飲んで違いが わかったか

　① すぐに潤す のどの渇き
　② こいつ以外に ないぜ変わり
　③ そのお茶の名前は 綾鷹
　④ 飲んで違いが わかったか

　① ふんだんに使われた 極上茶葉
　② これがあれば行かなくて いいスタバ
　③ そのお茶の名前は 綾鷹
　④ 飲んで違いが わかったか

みたいな付随する話をする感じかな。

D——4小節全体がきれいにまとまった感じがしますね。

晋——最後のパンチラインが決まってれば、1〜2小節目はそこにつながってる話なら何でもOKだね。

Q 「単語をつなぐ言葉」がなかなか出てきません…。

A 脳内で映像をイメージ。できたら進める、次のステージ。

晋 ── 韻を踏むにしても、話を続けるにしても、基本は連想ゲーム。そうやって必死に考えて出てきた言葉に導かれて、思いもよらない方向に話が進んでいったりするのもラップの面白さだね。

B ─ 具体的に、どうやって連想を続けていくんですか？

晋 ── 例えば目の前に教科書があるとする。教科書があるシチュエーションを連想するなら「机の上に置いてある教科書」というリリックが出てくるし、韻を踏むパターンなら「教科書→教室」という連想から「放課後」という言葉が出てくる。それで「ほっぽり出して放課後」という文章を考え、さらに韻を踏む言葉として「鳥かご」という言葉が出てきて……みたいな感じだね。

L ── まさに連想ゲームですね！

D ─ でも「教科書」「放課後」「鳥かご」という韻を踏む単語が出てきたとしても、そこをつなげる文章がなかなか思いつけない気がします。

晋 ── 文脈を考える力は、ひたすら練習で磨くしかない。まず「放課後」は韻を踏む言葉だから最後に持ってくる。その前に何文字くらいの文章をつなげればビートに乗せられるか……というのは感覚で覚えるしかないね。ポイントは、これまでも言ってきたようにストーリーを作ること。「教科書→教科書が置かれた教室→放課後」……というように連想を続けていけば、自然なストーリーが作りやすいはず。「シチュエーションを想像する」→「ディテールを掘っていく」、の繰り返しだね。そうするとビジュアル的なラップができると思う。

Q 韻は踏めるけど意味が繋がらない言葉が
浮かんだら…？

A *時には楽しむ「意味不明」。*
だからこそ生まれる珍プレー。

晋──もちろん言葉から連想するのもアリ。机の上から「机上の空論」という単語をつなげてもいい。

L－意味から連想するパターンもあるわけですね。

晋──あと、文脈が繋がらなそうだけど韻を踏める言葉が思いついちゃうときもある。「机上の空論」から「ドジョウのクローン」って言葉が出てきたりね（笑）。「韻が踏める」という共通点だけで思いついた言葉だと、ストーリーを作るのが難しくなるけど、そこで無理やり文脈をつなぐと面白いラップになったりする。

B－さっきの「放課後」と「鳥かご」で韻を踏むのも、韻から連想したパターンですね。

晋──そうだね。でも鳥かごなら、

> **授業が終わる 放課後**
> **まで教室は まるで鳥かご**

とか、腑に落ちるお話を作りやすいんじゃないかな。

D－文脈を考えるのと、韻を考えること。頭のなかではどっちを先にやっているんですか？

晋──俺はもう感覚的に、その2つを同時にやってるね。でもフリースタイルをはじめたばかりの人は、先に韻を踏む言葉を考えたほうがいいと思う。「韻を考える→じゃあそれをつなぐ文章って何なんだろう？」って順番だね。例えば目の前の「紙コップ」でラップをする……となったら、まず「馬耳東風」という言葉が出てくる。そしたら馬耳東風とつなぐ言葉を考えて……「何言われても馬耳東風」とかの文章にする。

STEP06　目に入るものでひたすらストーリーを作ろう

D-順番としてはやっぱりそうですよね。

晋── ライムが先だね。じゃあそのライムをどう使うのか……というのが文脈。文脈がよくないとライムの無駄遣いになっちゃうから。

B-韻は浮かんだけどつながらない……と悩んで、違う韻をもう1回探すこともありますか?

晋── そんな余裕はあまりないね。だからこそ、思いついた韻でストーリーを作る練習をしておくことが大事。「韻を思いついたけど、つながんねえな」って経験を何度もしておけば、繋げやすい言葉を思いつく工夫もできるようになるし、無理やり着地させる力もついてくる。

L-ちなみにさっき「放課後」からの連想で「鳥かご」が出てきましたけど、鳥かご以外の候補も頭の中にはあったんですか?

晋── そうだね。「10日後」「走馬燈」「放射能」とかが出てきて、その引き出しの中から、一番ストーリーになる韻を選んで「鳥かご」を選んだ、って感じかな。

トレーニング1
町中編
中吊り広告でラップしよう。

 晋——昔は、電車の中吊り広告を見てラップしてたな。中吊り広告はパンチラインの宝庫だし、バトルでもネタに使えたりするから。

 L——時事ネタや流行語は共感を呼びやすいって言ってましたよね。

 晋——そう。そうやって世の中で起こっていることをネタにして、場をロックできるのは、音楽の中ではフリースタイルくらいなんじゃないかな。ちょっと前だと

まるで*チャゲ&飛鳥*
ストレスで*ハゲた*けど何か？

とか言ったなぁ。ストレスないしハゲてもないんだけど、会場は沸くわけよ（笑）。

 B——確かにそういう単語が出てきたら盛り上がっていますね。

 L——最近は中吊り広告にSMAPの名前がよく出てますけど、SMAPでも踏めますか？

 晋——もちろん。

> *見出しにある SMAP解散*
> *国民的アイドル つまずく階段*
> *こんだけ踏めていれば 満場一致*
> *観客全員 うなずく快感*

とすれば1、2、4小節のケツで韻を踏んだ形。こういうのは何でもネタにできて、

> *今度の都知事は 小池百合子*
> *より本音を言えば 小池栄子*

みたいなくだらないラップにするのも楽しい。ただ時事ネタのラップは、何年後かに見返したら古臭く見えたり、覚えていないこともあるから、そこは注意かな。

L——「ゲスの極み」とかも、最近はあまり言わなくなってきましたもんね。

晋——そういう意味で言うと、「SMAP解散」は誰でも知っている話題だし、そう簡単に古びないだろうね。

トレーニング2
出身地編
「出身地」、「よく行く街」を題材にラップを作ってみよう。

晋——出身の街、よく行く街を題材にラップを作ってみる練習もオススメだね。例えば埼玉県狭山市出身の俺の場合だったら、

> 俺の地元は *狭山市*
> 東京近い分 *まだマシ*
> あるのは一面 *茶畑*
> 昔思った こっからどうすれば *羽ばたける*
> 茶畑で回っている *扇風機*
> ここで繰り広げた *珍遊記*
> この街と*心中し*
> たくないと伝えたんだ *親友に*

みたいな感じ。

L ―「お茶の名産地」という情報をネタに文章をつなげているんですね。

晋——そうだね。特徴をネタにして、そこからストーリーを作っていくのは自己紹介と一緒。「自分はどこからやってきた」というのは、みんながラップの題材に使うものだから、それはバトルにも応用できるよ。「出身地」以外でも、「よく行く街」とかでも同じ。「原宿」だったら、こんな感じかな。

> 洋服屋がめちゃめちゃある ここは*原宿*
> そういうところで働く人の格好は*カラフル*

トレーニング3
学校編
教科書に出てくる歴史上の人物で韻を踏もう。
例題：「織田信長」「聖徳太子」

B ― 授業中にできるラップの練習はないですか？

晋 ― 「授業中は勉強しろよ！」って話だけどな（笑）。まあ、教科書は韻を踏む単語を探すにはネタの宝庫だよ。数学は難しいかもしれないけど、英語は英単語で韻を踏めるし、歴史の教科書とかは最高だね。

L ― 人名がたくさん出てきますからね。

晋 ― そうそう。小野妹子とか最高に韻を踏みやすいから。

D ― そういえば、Zeebraさんが天皇陛下と会った時に、天皇陛下が「私もインドネシアやポリネシアといった言葉を覚える時にラップを作ったことがある」と仰ってたそうですよ。

晋 ― 素晴らしいじゃないですか。確かに勉強にも役立つと思うよ。歴史の年表と出来事とか、人物とかを暗記するのにもいいかもしれない。

L ― YouTubeでそういうラップを披露して人気になってる人もいますね。

晋 ― 俺もNHKの番組で「四字熟語でラップを作る」というのをやったけど、面白かったね。暗記系の科目にはいいんじゃないかな。

B ― それが韻を踏む練習にもなるし、バトルで使えるかもしれないし。

晋 ― 使える可能性もあるね。

> **俺は武将まるで信長**
> **突き進むぜ止めても無駄だ**

みたいにさ。

D ― 自分の強さを武将に例えると。

晋 ― 俺はやったことないけど、やっていても不思議じゃないタイプではあ

るな（笑）。「信長の生涯をラップにまとめよう」みたいな課題を自分で持つのはアリかもしれない。言葉とその意味が何となく分かってるだけでも、

　楽市楽座
　今振り返ると単なるやくざ

くらいなら作れるけどね。俺も「聖徳太子」でラップを作ってみたから、みんなもチャレンジしてみてほしい。

　彼の名は 聖徳太子
　またの名を 厩戸皇子
　ご存じかな？ 飛鳥時代当時
　日本を仕切った BIG OG
　道徳 思想的に定める
　そして皆で 天皇をあがめる
　ときに暴れる 人もなだめる
　十人の話を 聞いて束ねる
　旧一万円札の 肖像画
　想像上の人物じゃないさ
　和をもって貴しと為す
　まさに地で行った カッコいいヤツ

トレーニング4
どこでも編
お題を出して、それを盛り込んだラップをしよう。

晋——瞬発力を磨く練習としては、「お題を出して、それを盛り込んだラップをしよう」みたいな遊びもオススメ。ひとつやってみようか。適当なワード……「焼肉」「田町」「女の子」の3つの単語で。

L-すぐには関連を見出だせない組み合わせですね。

晋——この3つは比較的簡単だよ。まず田町に行ってそのまま焼き肉を食べにいった。もちろん一人で食べるより、女の子と食べたほうが楽しい。じゃあ女の子と焼き肉デートだな……ってストーリーが作れるじゃん。例えばこんな感じかな。

腹が減ったら 真っ先に行く
食べ物屋は 焼肉
できれば理想は 女の子と
一緒に行きたい 今夜こそ
場所は田町 またナンパ待ち
の女の子にぶつける魂
そこで食べる 上カルビ
今日の俺は 超やる気

B-ひとつのストーリーになりましたね！

晋——ここでもストーリーを作るのが大事。3つを絡めたストーリーが思いつかなかったら、1つずつの組み合わせを順番に片付けていくしかないね。

D-たとえばこれが「ゾウ」「テレビ」「ソファー」とかだったら？

晋——そのくらいなら簡単だよ。「ソファーにふんぞりながらテレビを見てたらゾウが出てきて……」というふうにね。でもこれが、「キュウリ」「山手線」「公衆便所」だったりすると、さすがにうーんと少し考える。

あと、このお題でラップするときに意識してほしいことは、みんなの共通認識にある情報、コモンセンスになっている情報を盛り込んでいく……ということ。例えば「原宿」という単語に対して「クソみてえな街だ」ってラップされても、「え?」ってなるじゃない。

L ーそうですよね。普通なら洋服屋さんが多いとか、竹下通りに修学旅行生が集まるとか。

晋 ーそういう要素を拾っていったほうが、聞いた人が共感できるラップになるんだよね。まずはそうやって、多くの人に共感してもらえるラップを目指すことが大事だね。

B ーバトルで観客を味方につける上でも重要になりそうですね。

晋 ーそうだね。強いラッパーはそういう基本的なことができた上で、オリジナリティを出しているから。

L ー晋平太さんのオリジナリティは何なんですか?

晋 ー俺は感情的でアツいラップをするところかな。だから俺が「原宿」という単語でラップをすると、

ここは**ファッション**の街だけど
俺は**ファッション**より**パッション**だぜ!

みたいなラップになる。

L ーおー! 原宿についての共通認識も拾いつつ、個性も出たラップになってますね!

STEP 07 パフォーマンスの練習をしよう

Q パフォーマンスの練習はどうやればよいですか?

A *まずは行きなカラオケ。*
最初はモノマネでもOK。
次はしてみなフリースタイル。
ビートに合わせてCHECK YOUR MIC！

 B ─ 実際にステージに立ってバトルをするとなると、パフォーマンスの練習も必要になりますよね。

 晋 ── そうだね。本番ではマイクを持ってラップをすることになるし、観客もいる。それに対する準備をせずにバトルに出ちゃって、「マイクに遠くて全然声聞こえねえよ！」みたいなコは結構多いんだよね。

 D ─ じゃあバトルの会場に近い環境で、一度練習をしてみるべきですか？

 晋 ── それができれば理想だけどね。誰にでもできて、そんなにカネもかからない方法はカラオケじゃないかな。

 L ─ なるほど。カラオケならマイクもありますしね。

晋 ── ヒップホップの曲を流しとけば、それが練習用ビートにもなるからね。で、ビートに合わせてラップしながら、自分の声の通り具合とか、マイクとの距離感とかを掴んでおく。

L ─ ラップが上手くても、マイクの扱いがヘタで、声が聞こえづらくて負ける……とかは避けたいですもんね。

晋 ──「なに言ってるかわかんねえ」ってヤツは絶対に負けるから。だから、はじめてバトルに出るときは、「とにかく声はデカくする」ってことは意識すべき。デカけりゃ良いってもんじゃないけど、聞こえないよりは全然マシだから。

D - あと家で練習していたら、さすがに大声は出せないですもんね。

晋 ── そう。腹から声を出すとか、滑舌を良くするとかにはいくつかのトレーニング方法があるんだけど、とりあえずカラオケで大声でラップをしていれば「腹から声を出す」という感覚はつかめるんじゃないかな。

B - でも大声を出しすぎて音が割れる場合もあるんじゃないですか？

晋 ── マイクが近すぎたら割れるね。俺なんかは声量があるほうだから、近づけすぎないようにすることは今でも意識している。マイクも道具だから、使い方の良し悪しで聞こえ方も全然変わってくるんだよ。カラオケで練習していれば、マイクがどういう角度だと音が入りやすいとか、そういうことも分かってくるはずだから。

D - そういう意味で、カラオケに行くのは、すごい実践的な練習法なんですね。

晋 ── だね。俺もカラオケではフリースタイルばっかりやってるよ。あとラップをはじめたばかりの人の場合は、日本語ラップの定番曲をカラオケで歌ってみるのも勉強になるはず。**LAMP EYE** の「証言」とか、Zeebra さんの「Street Dreams」、BUDDHA BRAND の「人間発電所」、RHYMESTER の「B-BOY イズム」なんかは入ってるし、DAM のカラオケには俺の曲もいっぱいあるから（笑）。

L - 自分の目指すスタイルが見つかるかもしれないですね。「この人の曲はラップしてて楽しいな」とか。

MEMO | LAMP EYE……RINO、YOU THE ROCK ★、Zeebra、TWIGY、DEV LARGE らがマイクリレーを披露した「証言」は日本語ラップのクラシック。「中３当時、死ぬほど聞いてリリックを全部覚えた」（晋平太）

Q 発声法でラップはカッコよくなりますか?

**A 一番大切なのは「地声」。
次に大切なのは「聞こえ」。**

晋——声のことでもう少し説明しておくと、声というのはラッパーにとって表現力のひとつ。漫画家が自分の画のタッチを磨くように、バトルで上を目指したいなら、ラッパーも自分の声を磨くべき。俺も滑舌を良くするトレーニングとか、腹から声を出すトレーニングは今もやっているから。

L-劇団員がやる発声練習みたいなこともしているんですか? 「生麦生米生卵」みたいな。

晋——最近はそういうトレーニングもしてるね。努力で高められることなら、どんな練習でもすべきだと思う。

B-でも、生まれ持った声質とか、声量の限界とかもありますよね。

晋——当然あるね。でも別にキレイな声じゃなくてもいいんだよ。一般的にはキレイとは言いがたい声でも、すごく存在感のある声質の人もいるわけだし、その声はその人の武器になる。その人の声の良さを100%引き出せる発声を身につけることが大事なんだよ。あと、声の特性によって、それに合うラップのスタイルも変わってくるし。

D-それはどういうことですか?

晋——たとえばすごく低くてモタっとした声なのに、倍速のスタッカートのラップを武器にしたい……というのは、やっぱり無理がある。生まれつき声が高いのに、ドスが効いたラップをしたいというのも、ちょっと難しいだろうしね。

Q オススメの「ボイトレ」はありますか?

A 練習してくれ「腹式呼吸」。
まずは鼻からゆっくりと吸う。

L ― ボイトレというのは具体的にどんなことをしているんですか?

晋 ― まずは滑舌を良くする訓練。「あいうえお、あいうえお、あいうえお、あいうえお」を10回、それを「あ」行から「や」行、さらに「がぎぐげご、じゃじぃじゅじぇじょ」までやってた時期もあったね。

B ― プロのボイストレーナーの人から教わっているんですか?

晋 ― 俺の場合はそうだね。あと大事なのは、お腹から声を出す腹式呼吸のコツを覚えること。言葉で説明するのは難しいんだけど、感覚をつかむ方法としては、野球やサッカーの応援みたいに思いっきり叫んでみること。

D ― 「かっ飛ばせ〜○○!」とか「フレー!フレー!」とかですか。

晋 ― そうそう。それを思い切り大声で出してみると、自分がどれぐらいの声が出るのかわかる。あとその時、お腹を使わずノドで大声を出していたら、絶対にノドが痛くなる。ノドが痛いと感じた人は、「遠くまで声を響かせよう」と意識して、もう一度声を出してみてほしい。そうすると、お腹のあたりから声が出ている感覚をつかめるはず。

L ― やってみます! そういえば晋平太さんは、普段しゃべってるときも、お腹から声が出ている感じがしますね。

晋 ― それもボイトレをするようになってから変わったね。別に俺は声がすごく大きいわけじゃないけど、声をムリに張らなくても通るようになった……って実感はある。

B ― お腹から出ていない声だと、マイクを通してもあまり聞こえ方が良くなかったりするんですか。

晋 ― 良くないね。声が座ってないというか、芯がない感じがしちゃう。それは声が高い低いとか、太い細いとはあまり関係ないんだよ。たとえば**DOTAMAくん**は声がかなり高いけど、すごく芯がある。お腹

から出ている声なんだよね。

L−姿勢も関係あるんですか？

晋──背筋は伸びていたほうがいいね。大きい声を出してみると分かると思うけど、前かがみでも、直立の姿勢でも、大きい声を出そうとすると自然と背筋が伸びるはずだから。

D−ラッパーの人は、なんか前屈みなイメージありますけど。

晋──前かがみでも、背筋は通して、胸が開いていればお腹から声は出せるからね。あとは膝をリラックスさせて、お腹に力を入れやすくすること。

L−いい声、通る声を出す方法を詳しく知りたい人は、やっぱり本を読んだり、一度ボイトレを受けてというのがオススメ？

晋──そうだね。最近はボイトレの本もいっぱいあるし、本で勉強しながら練習するのもいいんじゃないかな。

MEMO | DOTAMA……栃木出身。黒縁メガネにスーツ姿というルックスと、辛辣さとユーモアに溢れたディスが特徴。FINAL FRASH のボーカルとしても活動中。「見た目通りの律儀なヤツ。酒は弱い」（晋平太）

Q いいマイクの持ち方は？

**A 声がしっかり通るのがベスト。
そのために欠かすな、マイクテスト。**

 D－マイクの持ち方のコツはありますか？

 晋──それもカラオケでいろんな持ち方を自分で試してみながら、身体で覚えておくべき。マイクは唇から2〜3cm離して、直角に口を向けた時にいちばん声を拾うようにできてるんだけど、その感覚は自分で使ってみないと分からない。声がデカすぎる人は、もう少し離したほうがいいかもしれないしね。

 L－オーソドックスな持ち方はあっても、人によって最適な持ち方は違うわけですね。

 晋──そう。ラップのスキルを磨くことには熱心でも、マイクの使い方を軽視しているMCが多い印象があるんだよね。俺の「CHECK YOUR MIC」って曲に「利き手で握りしめな」「唇に近づけな」「深く息吸い込みな」「バイブスをぶち込みな」って歌詞があるけど、基本的なアドバイスはその歌詞のまんま。マイクを持って練習したほうが、「人にラップを届ける」という意識が付くから、バトルに出る人は絶対に持って練習しておくべき。

Q パフォーマンスは鏡の前で練習する?

A *自分を見る、**客観的に**。*
*変だと**DIS**られる、**完璧に**。*

晋——みんなに「鏡を見てパフォーマンスの練習をしろ」とまでは言わないけど、「ラップしてるときの自分は人にどう見えているのか」は意識してほしいね。

L——ラッパーの人がラップしながらやる手の動きとか、ジェスチャーには何か意味があるんですか?

晋——指の形とかには人それぞれ違う意味があるかもしれないけど、みんなが共通して使うジェスチャーもある。例えば、すごく細かく複雑なリズムでラップをしているときは、手のひらをリズムに合わせてバババッと小刻みに動かしたりするでしょ?

B——やりますよね。**ACEさん**とか、よくやってるイメージあります。

晋——あれは自分がリズムをとる意味もあるし、リズムに乗っていることをジェスチャーとして表し、自分の表現をより効果的に伝えようとする意味もある。ただ棒立ちで早口のラップをするより、ジェスチャーが見えたほうが伝わりやすいでしょ? キメどころで指ドンと刺したりするのも、リリックの決まり具合を増幅させる効果があるから。『笑ゥせぇるすまん』の喪黒福造と同じだよ(笑)。

D——自分の表現をより効果的に、視覚としても伝えるために、ああいうジェスチャーがあると。

晋——そうだね。言葉だけじゃなく、手や目線も効果的に使って、自分のラップを伝える意識を持つことが大事じゃないかな。鏡張りのスタジオとかカラオケに入る機会があったら、自分の動きを一度客観的に見てみるといいと思うよ。

MEMO | ACE……1990年、ブラジル生まれ新宿育ちのラッパー。日本語、ポルトガル語、英語の3カ国語を操る。渋谷TSUTAYA前で行われる渋谷サイファーを主宰。ラッパーのLuizは実の弟。

Q クールな「身振り・手振り」とは？
A キャラとリズムに合っていること。
無理なくサマになっていること。

B - カッコいい身振り・手振りというのは具体的にどういうものですか？

晋 —— まず、ラップのリズムと体のリズムが合っているのが前提。ラップが早ければ手の動きも早くなるし、ラップが遅ければ手の動きも遅くなる。それが一致してないとダサいね。

L - ビートに合わせて身体を動かすことが大事なんですね。

晋 —— 自分がリズムに乗るためのものでもあるからね。あとお客さんにアピールしたいことがある場合は、客席に手を向けるべきだし、相手に言いたいことがある場合は、相手を指差す。俺は聞かせどころでお客さんのほうを向くことが多いかな。「コイツまじ頭おかしくない?」みたいなラップの場合も、客席の方を向く。

D - その言葉を伝えたい人のほうを向くわけですね。

晋 —— そうそう。「お前覚えとけよ」とか「絶対殺すからな!」みたいなラップなら、相手の目を見て言う。逆に、セルフボーストをする場合は相手を見ないしね。ラップの内容に対して、身振り手振りが自然であることがやはり大事。「ドヤ顔で客に向かって韻踏んでんじゃねえ!」とか言われるけどね(笑)。

D - 「怖いキャラの人はあまり動いちゃいけない」とかもありそうですね。

晋 —— 呂布カルマさんがいっぱい動いたら変だしね。NAIKA MCくんは大声をだす時にのけぞるとか、**CHICO CARLITOくん**だったらリズミカルにピョンピョン跳ねてるとか、強いラッパーはキャラに合った動きをしている。MC 漢さんみたいにドッシリした存在感がある人は、逆に小刻みに動いたりしないほうがいいだろうし。

 MEMO | CHICO CARLITO……1993年、沖縄生まれのラッパー。2015年にUMBにて優勝を飾り、『フリースタイルダンジョン』にも出演。「チコちゃんは曲も大好きです」(晋平太)

MCバトルの
世界を
覗いてみよう

バトルの世界を知るには？

 **マストはエミネムの『8Mile』。
アマゾンですぐ手に入る。**

 L ‒ 初心者が見て勉強になる DVD 教えてください。

 晋 —— まず Eminem（エミネム）主演の『8Mile』。バトルの世界の雰囲気を知れるし、ラップのシーンがかっこいいし、映画としても面白い。

 D ‒ 最初のバトルで、Eminem は何も言えないで負けちゃうんですよね。

 晋 —— ボコボコに負けて恥かいて……っていう場面が描かれているし、そこからラッパーがどう立ち直るのかというストーリーも面白い。『FREESTYLE: THE ART OF RHYME』という、名前の通りフリースタイルとバトルを描いたドキュメンタリー映画もオススメだね。

『8Mile』
エミネムの半自伝的作品。黒人中心のヒップホップ・カルチャーのなかで白人青年が生き抜く姿を描く。「ラストの MC バトルシーンは先攻の勝ち方の手本だね」（晋平太）

『FREESTYLE: THE ART OF RHYME』
フリースタイルにスポットを当てたドキュメンタリー。夢と情熱をマイクにぶつけ、即興の言葉とライムを競うフリースタイルの魅力、芸術性、発展の歴史が分かる。

『UMB2010』
地方予選を勝ち抜いた猛者達が集結し、フリースタイル日本一を決める MC バトルの全国大会。本書でも紹介する晋平太 vs R-指定の名バトルは必見。地方予選ベストバウトも見所多数。

『UMB2011』
本書で紹介する晋平太 vs NAIKA MC ほか、DOTAMA vs R-指定、晋平太 vs 呂布カルマ、NAIKA MC vs DOTAMA などハイレベルなバトルが目白押し。

Q オススメのバトルDVDは？

A やっぱりはじめはUMB。ほとんど出てる、有名人。

D - 日本のフリースタイル・バトルの DVD でオススメはありますか？

晋 ── UMB の歴代大会の DVD は、フリースタイル・バトルの歴史や流れが分かるから、いちばんオススメかな。全国1位を決める大会だしね。

L - どの大会あたりから見たらよいでしょうか？

晋 ── 歴史を遡るなら、俺が優勝した 2010 年、2011 年あたりから見るのがちょうどいいと思う。この 2 つの大会は、今のフリースタイル・バトルのシーンの中核にいる人達が台頭してきた時期。2010 年あたりが境目で、俺も R- 指定くんもはじめて UMB の全国大会に出てきたし、次の年には DOTAMA くんと **NAIKA MC くん**がはじめて本戦に出ている。呂布カルマもその年だね。

B - たしかに今のバトルシーンで強いラッパーが揃っていますね。

晋 ── シーン全体の実力が底上げされていくのも、ちょうどその頃からなんだよ。今見ると、2010 年のバトルはスキル的に未熟な部分もあると思うけど、これからはじめる人たちが参考にするにはちょうどいいレベルなんじゃないかな。

D - そこから見はじめて、面白ければ 2012、2013 と見ていけばいいと。

晋 ── R- 指定くんが 3 連覇した 2012 〜 14 年も面白いし、2010 年より昔に遡ってみても、いまのフリースタイル・バトルの源流がわかると思う。ちなみに UMB2008 は般若さん、2009 は鎮座 DOPENESS さんが優勝しているよ。

MEMO NAIKA MC……群馬出身。抜群のアンサー力を武器に MC バトルでも数々の好成績を残す。夜光性 POSSE やソロでもアルバムを発表。「ふたりで数々の泥仕合を繰り広げてきたライバル（笑）」(晋平太)

Q 映像を見る時にどこに注目したらよいですか?

A ***大会の流れ、勝者のオーラ。
実際、自分はどうするだろうか?***

B-DVDでバトルを見るときは、どこを意識したら良いですか?

晋——勝つヤツの雰囲気を掴むのが大事だね。実際にバトルを見ると分かると思うんだけど、必ずしもラップのスキルが高いヤツが勝っているわけじゃないから。

D-どこが勝因だったのかを考えながら見るわけですね。

晋——そう。あと、大会ごとの雰囲気の違いもチェックしたほうがいい。1回戦、2回戦と流れを追って見ていって、会場の雰囲気がどう変わっていくかも確認する。準決勝や決勝になると、どんな勝ち上がり方をして、観客にどんな印象を与えてきたのかも勝敗を左右するからね。決勝の1試合だけ見ても分からないことが結構あるんだよ。

L-決勝に来るまでの流れみたいなものは、YouTubeで見てもわからないですもんね。

晋——そうだね。言っていることに一貫性がないヤツは途中で負けがちだし、勝ち上がっていくラッパーはフロアを味方につけている。あと、「この相手のディスに自分ならどう返すかな?」と考えながら見てみたり、実際に考えたものをラップしてみるのもいいかもね。

Q フリースタイルにも使える「日本語ラップの名作」を教えてください。

A ジブラ、ライムス、R-指定。それくらいは絶対チェックして。

L-勉強になる日本語ラップのCDを教えてください。

晋──今はバトルだけ見ていて、日本語ラップの昔の作品は聞いてない人も結構いるけど、勉強のために聞いておいてほしい作品はたくさんあるな。まずオススメはZeebraさんのファーストアルバム『THE RHYME ANIMAL』。韻を踏んでラップをする日本語ラップでは古典中の古典だし、ライミングだけじゃなく情景の描き方とか、日本語で分かりやすい話を作る……という部分でもとても勉強になる。

B-具体的な曲としては?

晋──「Original Rhyme Animal」とか「I'm Still No.1」が特にいい。「Original Rhyme Animal」は、まさにライミングの技自慢の歌。「I'm Still No.1」は自分のラップのスキルをバスケットやボクシングの戦いに例えていて、その描写がすごく上手い。たとえば1番の、

> *硬く拳握りしめ向かうリング*
> *堂々とした態度まさにキングの風貌*
> *割れんばかりの歓声*
> *この時点でもう既に判定勝ち*

なんて、チャンピオンがリングに向かっていく感じが伝わってくるよね。

> *今日も作る新しいヒストリー*
> *手に入れるぜ栄光のビクトリー*

みたいな韻の踏み方もいい。

D-オーソドックスで、かつカッコいいんですよね。

晋――そうそう。

> **必殺のボディブロー**
> **蝶の様に舞いハチの様に刺すフロウ**

みたいな部分も、例えとして上手いし、情景描写をしながら話を作っていくのが巧み。フリースタイルをする上でも勉強になるね。聞いた当時、俺もかなり衝撃をうけたのを覚えてる。

L‐そのほかには？

晋――RHYMESTER の『リスペクト』。「リスペクト」という曲では、

> **西のベスト東のベスト**
> **つなげる7つのアルファベット**
> **つまり R・E・S・P・E・C・T**
> **リスペクト ナフリスペクト**

というサビが好き。「日本中にやばいラッパーがいて、それをつなげているのは RESPECT だぜ」「だから俺たちは B-BOY で団結していこうぜ」みたいなメッセージを受け取って、そこにすごく俺は勇気づけられた。あと「『B』の定義」という曲では、CRAZY-A さんという B BOY PARK の創始者がラップをしていて、日本のヒップホップがはじまった歴史も分かる。そういうヒップホップのカルチャーを知る上でも『リスペクト』はオススメだね。

D‐逆に最近の作品では？

晋――R-指定くんのソロアルバム『セカンドオピニオン』。日本語ラップの歴史が積み重なって、情景描写やライミングのレベルは格段に上がっ

『**THE RHYME ANIMAL**』
Zeebra 初のソロアルバム（1998年）。「ORIGINAL RHYME ANIMAL」等で圧巻のスキルを披露。

『**リスペクト**』
RHYMESTER の 3rd アルバム（1999年）。名曲「B-BOYイズム」や「リスペクト（feat. ラッパ我リヤ）」収録。

ているし、Zeebraさんみたいなリリックの分かりやすさもきちんとある。「ルサンチマン」という曲は、「自分は学校ではいけてないポジションにいて、それでも俺にはラップしかなくて……」という歌詞が、イケてる日本語ラップとは違う側面を描いていていいなと思う。情景描写が無理なく自然で本当に上手いし、ソロラッパーのお手本として、いろんなことを学べるんじゃないかなと。あと自分の『DIS IS RESPECT』も勧めてもいいかな？　自分なりに、Zeebraさんの『THE RHYME ANIMAL』やRHYMESTERの『リスペクト』を今の時代に作るならこんな感じだ…と意識して作った作品だから。

D - 特に聞いてほしい曲は？

晋 ──「CHECK YOUR MIC」という曲では、MCバトルの今までの歴史的なパンチラインをサンプリングして、コラージュして作った曲。ヒップホップのサンプリング文化も分かる曲だね。あと「ラップゴッコ」という曲は、ラップにハマっていった子たちが陥りやすい状況を、わかりやすくストーリーにした曲。R-指定くんのアルバムがよりパーソナルなものだとしたら、俺のこのアルバムはもう少しシーン全体のことを見た、RHYMESTERの『リスペクト』的立ち位置のアルバムなのかなと思う。

L - 単純にフリースタイルのスキルを学ぼうというだけじゃなくて、カルチャーを学ぶ上でも、CDを聞くというのは大事なんですね。

晋 ── 俺は特にそう思ってるタイプだね。B BOY PARKとかでヒップホップのカルチャーを教わってきた世代だから、そこはすごく大事に思っている。もちろんバトルをするだけでも面白いけど、カルチャーを掘っていくとヒップホップがもっと面白くなるぜ！と伝えたいね。

『セカンドオピニオン』
R-指定の1stアルバム（2014年）。ルサンチマンや自虐を歌詞に取り入れ、多彩なライミングを披露。

『DIS IS RESPECT』
晋平太の4thアルバム（2016年）。MCバトルのパンチライン満載の「CHECK YOUR MIC」など計12曲。

Q 目標にすべきフリースタイル・ラッパーは?

A 見つけろ、自分のキャラ設定。なんかしらあるから、探せって!

晋——ラップの仕組みがわかってきたら、目指すべきスタイルを決めるのが大事。

B-フリースタイル・バトルで活躍しているラッパーは、それぞれすごく個性がありますよね。

晋——タイプの違いで言ったら、韻を踏むことを重視しつつオールマイティなR-指定くん、キャラを生かして戦うDOTAMAくん、相手とのキャッチボールのやり取りで勝ちに来るNAIKA(MC)くんの3つに大別できる。あと鎮座DOPENESSさんみたいに、あまり相手に合わさないで、自分のラップをひたすら続ける人もいるから4タイプかな。

L-DOTAMAさんは個性的で面白いラップをする人という印象ですけど、具体的にどんな特徴があるんですか?

晋——DOTAMAくんもR-指定くんと同じく、フリースタイル・バトルの概念を更新したラッパー。スーツとメガネのあの出で立ちからして「自分は普通のラッパーとは別物ですよ」というキャラ付けができているし、普通のラッパーがフリースタイルでは話さない話題も持ち込んできた。あの見た目から来る痛烈な悪口というのは、ある種計算づくのものだろうけどね。見た目とキャラクターを最大限に生かしつつ、それとラップとの振り幅で攻撃してくるというのはトリッキーだし、新しかった。怖そうな人が悪口を言うんじゃなく、あの見た目で悪口を言うというのは今までなかったから。

B-あと、ディスがすごいラッパーというと**呂布カルマ**が思い浮かびます。

晋——彼はある種、DOTAMAくんと近いところがある。彼もエキセントリックな出で立ちをキャラ付けに利用しつつ、そのキャラに合ったことを

MEMO 呂布カルマ……名古屋発のHIPHOP集団「JET CITY PEOPLE」主宰。MCバトルでは強面のルックスと、重いディスが武器。「はじめて会ったときから、あの見た目であのキャラでした」(晋平太)

ひたすらラップし続ける。あまり相手に合わせることはせず、常に自分のスタイルで戦っている印象かな。

B - どんな相手とも同じ戦い方をするというか。

晋 ── 得意なことに力を注いで、それ以外のことは追わない。韻を踏むとかトリッキーなフロウで聴かせるみたいなことはせず、キャラとパンチラインで勝負している。

L - そういう人って他にもいますか?

晋 ── NAIKA くんも韻をたくさん踏むタイプじゃないね。ラップの中身で勝負したい人は、ライムの要素を外していって、より内容に磨きをかける。それもひとつの戦略だし、そのひとつを磨けば大会で優勝することもできる。ただ、これから呂布カルマさんや R- 指定くんのスタイルを真似しても、本人には勝つことができないから、自分で何か＋αの特徴を加えてほしい。

D - 最近の若い世代にはどのスタイルが多いんですか?

晋 ── 最近は韻を踏むことにこだわらない人と、韻を重視する人と、二極化してきている感じがする。フリースタイルに興味を持った時期に、誰がチャンピオンだったのかによっても変わると思うんだよね。俺や R- 指定くんが UMB のチャンピオンだった時代（2010 年〜2014 年）だったら、その影響を受けて韻を踏むスタイルになった人も多いと思う。

B - 晋平太さんの場合、対戦相手のタイプ別に戦い方を変えたりしますか。

晋 ── ある程度は変える。俺は相手に合わせて戦うタイプだし、バトルを一方通行にしたくないから、相手のスタイルに合わせてバトルを盛り上げていくのが楽しいんだよね。あと NAIKA くんも相手に合わせるタイプだから、実力のある相手と戦えば必ず試合を面白くできる。大したことない相手だと、自分も滑るリスクがあるけど（笑）。

L - 先攻になると、不利かもしれないですね。

晋 ── いや、先攻の場合でも NAIKA くんは自分の話術に相手をハメていくことができるね。バトルで「お前のアンサー聞かせてみろよ!」み

MEMO 焚巻……『フリースタイルダンジョン』でラスボス般若の元から勝ち上がった挑戦者として話題に。「一緒にメシ食ったとき、ミラノ風ドリアに粉チーズを 1 本入れていて、マジでビビりました」（晋平太）

たいな言い方を最初にしたのが NAIKA くんだし、そう言われたら相手もその土俵で戦わざるを得ない。バトルの戦術を持ってるラッパーだと思う。

B−鎮座 DOPENESS さんみたいなタイプはみんなやりづらそう……。

晋──彼にしかないリズム感があるし、あまり相手に合わせないから、やりづらいよね。それで、相手がやりづらい雰囲気になればなるほど、鎮座 DOPENESS さんの強さが際立っていく。

L−相手が空気に飲まれているなみたいなムードができますね。

晋──そうなんだよ。ホントに唯一無二の存在で、マネのできる人はほとんどいないんじゃないかと思う。

D−**焚巻**とかは NAIKA MC みたいなタイプですか?

晋──焚巻くんは、言葉のパンチ力があったり、重みがあったり一発でズバッと決めるわけではないんだけど、一定の枠を外れたことを言わないから、ハマり続けるときはハマるという。焚巻くんも相手に合わさないタイプの人だよね。

D−KREVA とか般若とかは?

晋──**KREVA さん**はケツで韻を踏んでいくスタイルを確立した人なので、R-指定くんとか僕とかの系譜の原点にあるタイプだね。「KREVA スタイル」みたいな呼び方もあるくらいで。般若さんは「バイブス重視」のキャラタイプの要素もありつつ、NAIKA くんみたいに相手と言葉のやり取りもできる要素も持っている。

L−それぞれのラッパーに個性があって、武器とするものがひとりひとり違うんですね。

そうだね。目指すスタイルを決めるには、とにかく声に出してラップをしてみることが大切。韻をいっぱい踏みたくても、やってみたら「俺はこれ、得意じゃないっぽいな」とか分かってくるから。

MEMO | KREVA……1997 年に KICK THE CAN CREW を結成。1999 年〜 2001 年の B BOY PARK では 3 連覇を達成。「同じ時期にバトルに出てたけど、マジでスターの風格が漂ってました」(晋平太)

バトル解説

UMB2010 VS 1回戦
R-指定　晋平太

 R-指定　　　1本目　　　晋平太

R-指定	晋平太
yeah おまたせラップオタクの出番だ	hey yo 黙れそこのガキ
from コッペパンだ 客寄せパンダ	何がわかるか男らしい
つまりこの大会の台風の目	つか男泣き つか倍の倍
俺に勝ちたきゃ韻を倍踏んどけ	踏んでやるぜ見せるぜ気合いの違い
yo たかが東京予選で	ライムのど突き合い 出すぜ食事代
優勝したぐらいで男泣き？	お前はそいつがマイクが特技かい？
低すぎんじゃねぇか志	特に無いお前の印象
それじゃ振り向かねぇ小野小町	お前は俺には勝てない一生
fuck！	

解説

このR-指定くんとのバトルは、ULTIMATE MC BATTLE 2010全国大会の1回戦。オーソドックスに韻を踏む相手同士がアンサーを返し合っていて、2人のスタイルの違いが出ているのも面白い。フリースタイルを勉強したい人には参考になるバトルだと思うね。

先攻　R-指定 1本目

「コッペパン」という自分のユニット名や、ラップオタクと言われていたことなど、自分の立ち位置を伝えることからスタート。その先は「男泣き」「志」「小野小町」と韻を踏んでいるけど、「男泣き」っていうのは、その年のUMBの東京予選で、俺が優勝したときに泣いたことをネタにしている。このバースの時点で「かなり俺のことを知っているな」って分かったし、「低すぎんじゃねぇか志」の部分で会場が沸いたから、俺はそこにアンサーする必要があった。

後攻 晋平太 1本目

俺はRくんの「男泣き」「志」「小野小町」のライミングを受けて、「そこのガキ」という同じライミングで自分のバースをはじめた。実際、当時のRくんはまだ10代だったからね。「男らしい」「男泣き」もほぼ同じ母音で揃えていて、内容は「男泣き」って言われたことへのアンサー。その先も「倍の倍」「気合いの違い」って韻を踏んでいるけど、「倍の倍」はRくんの「俺に勝ちたきゃ　韻を倍踏んど

R-指定　　　　　　2本目　　　　　　晋平太

R-指定	晋平太
一生とか keep on とか お前優勝して泣いて マジで好印象 ここで勝ったら本当に泣いても いいっしょ それじゃなきゃ踏み出せねぇ はじめの一歩 分かってんのか? お前は本当に 自己紹介文からあふれてるんだよ ナルシズム こんな雑魚必ず沈む 口うるせぇ like a やくみつる	最後に勝つのはアニメと一緒 こっち はじめの一歩 おい 相手が何処の街でも一緒 マジへぼいっしょ つーか髪をカールして R-指定 なにラップして お前の悪口は 聞き飽きてるし 中身ないスキル マジな話だぜ軽いって

け」へのアンサーだね。
後半の4小節は、「ど突き合い」「食事代」「特技かい?」「特に無い」と4連続で踏んでいる。「お前はそいつがマイクが特技かい?」は意味が破綻してるけど、最後に「お前の印象」と「お前は俺には勝てない一生」と踏みつつ的確にディスれて、美しく終われたかな、と。「俺のほうが年上だから、ひたすらガキ扱いしよう」というのが、このバトルでの俺の戦略だった。

先攻　R-指定2本目
Rくんは、「一生」という俺の最後の言葉を拾いつつ、頭からきっちりアンサーを返してきた。このへんのアンサーの応酬は、MCバトルの醍醐味だと思う。「マジで好印象」は言葉としては褒めているけど、「泣いて好感度上げようとしやがって!」的なニュアンスのディスだろうね。
前半の最後では「はじめの一歩」という言葉で韻を踏んでるけど、「はじめの一歩」は俺がYouTubeでやっていたバトルの企画の名前で、それをネタにしている。
後半の「口うるせぇ like a やくみつる」っていうのは、当時俺が毒舌が売りだったことへのディスだろうね。「ナルシズム」と「やくみつる」の部分では、会場も相当沸いていた。

後攻　晋平太2本目
いちばん沸いた「ナルシズム」の部分に対してアンサーすべきだったんだけど、そこは返せなかった。だから「はじめの一歩」という単語を足がかりに、「一緒」「一歩」「一緒」「へぼいっしょ」と4連続で韻を踏んで返すことにした。後半の4小節は話を変えて、「カールして」「R-指定」「ラップして」「軽いって」と韻を踏みつつRくんをディスっている。

R-指定　　　　　　　3本目　　　　　　晋平太

*R-指定*とか*ラップしてぇ*とか
*fuck 死ねぇ*とか*アップリケ*とか
誰でも踏める韻はいい
てか お前ネタくせぇんだよ
さっきからさ
臭すぎる*like ひきわり納豆*
ぶちかますこいつに*右ラリアット*
いきなり圧倒してなに
キリキリマイになっとん?
お前の浅はかな夢を一撃で
1ミリ台にカット

お前も*アンサーがねぇな*
対戦相手に*感謝がねぇな*
お前とコペル揃ったとこで
俺とオジバ（028）には勝てねぇよ
俺のやり方*10年一緒*
言ったらやるぜ*有言実行*
これで最後よく見てろ
100万に変える*10円一個*

先攻　R-指定 3本目
Rくんは自分の名前を組み込みつつ、4連発の韻で頭からアンサーを返してきた。みんな自分の名前は韻を踏み慣れているから、名前を使ってディスられたらアンサーを返しやすいんだよね。だから相手の名前を使ってディスるのはリスクがある。しかも名前のディスは事前に準備できるから、Rくんはそこも見逃さず「ネタくせぇんだよさっきからさ」と的確にディスってきたね。
ケツで韻を踏み続けた後半の4小節も見事だった。「ひきわり納豆」みたいな面白い単語や固有名詞でガンガン踏んで、ストーリーを作っていく……というのはRくんがMCバトルに持ち込んだ手法だし、ここも会場は相当盛り上がった。

後攻　晋平太 3本目
「ネタくせえ」って言われたことに対して、俺は「お前もアンサーがねえじゃねえかよ」ってディスり返した。「対戦相手に感謝がねぇな」っていうのは、前のバースの「中身がない」「軽い」ってディスの続きで、「こいつは面白いかもしれないけど深みがねえぞ」って観客にアピールする狙いがあった。
その先では、Rくんとコッペパンというグループでコンビを組んでいるコペルの名前を出しつつ、俺がRUDEE KIZZというグループを組んでいたOJIBAの名前を出して、「俺らのほうが上だ」とアピール。ここは韻は踏んでいないけど、会場はかなり沸いたんじゃないかな。
後半の4小節は、「俺のやり方　10年一緒」「言ったらやるぜ　有言実行」と自分のスタンスを主張。100万円はUMBの賞金ので、「10年一緒」「有言実行」「10円1個」の3連発はキレイに踏めたね。

R 指定　　　　4 本目　　　　 晋平太

あっちで踏んで　こっちで踏んで あっちで踏んで　もう飽きてくんぜ そんなスタイル韻踏むだけなら チッタじゃなく行けよ代々木公園 B BOY PARK レベル 面白くねぇ もっとこうやって 音に乗って フロウに情熱でも 注ぎ込んで ノイローゼ 生理前の女子高生？	俺は B BOY PARK の生き残り まるで Maccho 耳元に 俺は上手くなる昨日より だからこう呼べ 火の鳥 今日勝つために生まれてきた 今日勝つために立ち上がった 今日勝つために負け続けた 俺が晋平太！それがわかるか？

先攻　R- 指定 4 本目

「あっちで踏んで　こっちで踏んで　あっちで踏んで　もう飽きてくんぜ」っていうのは、俺の韻の踏み方に対するディス。このバースでも、俺のことをかなり知ってる感じが伺えて、5 年前の B BOY PARK（代々木公園で開催）で優勝したことをネタにしつつ、「晋平太は古くて、俺は新しい」とアピールしている。たぶん俺の「10 年一緒」って言葉から、このディスは思いついたんじゃないかな。

後半の「面白くねぇ」「音に乗って」「女子校生？」の 4 連発は、あらゆるネタをブチ込んで勝ちにきているのが伝わってくるね。これだけの長さでライミングしつつ、最後の単語にインパクトもあったから、会場はかなり沸いたよ。

後攻　晋平太　4 本目

俺は「B BOY PARK の生き残りだ」という立場を自分でも表明しつつ、OZROSAURUS の MACCHO くんがよく使っていた「耳元だぜ」というフレーズを引用した。B-BOY スピリットがある人なら絶対に沸くフレーズだね。それで「火の鳥」までは 4 連発で踏んでいる。最後の 4 小節は、まったく韻は踏んでないけど、沸かすって意味では一番のパンチラインかな。「とにかく引かねぇっていうことぐらいしか、もう違いを見せられない」っていう気合いの表明だね。

結局、これでは決着が着かずに 2 回延長になって、最終的には俺が勝った。でも、お互いの話が上手く絡み合っていて、バトルとしてマジで面白かったのは、ここで紹介した部分までだったかな。

UMB2011 VS  決勝
晋平太　NAIKA MC

晋平太　1本目　NAIKA MC

晋平太	NAIKA MC
東京だから 東京だから 東京だから 東京だから 同情なんかいらねぇぜ 即興だったら 東京だから top of head 東京だから 特攻だから ガンガン出てる高らかな だからかな たかだかマザファカか？ はぁ？ 俺に勝つかな？ はぁ？ 舐めてんのかな？ はぁ？ はて NAIKA やめないか なぜ無いか 経過関係ないな ペータ勝つんだ 俺は言わす流石 百万の札束が 似合う男さ	トラックの選択間違えたんじゃないの？ パッパッパッパッパッパッパッパッ馬か おい ケツ叩くぞこの野郎 韻がどうこうの時代じゃねぇこと証明 はぁ？これで勝つしかねぇから これしか持ち合わせてねぇから 韻がヤバいやつが この先勝てねぇってこと証明してぇ

解説

俺はNAIKA（MC）くんとは何度も戦っているけど、このUMB2011の決勝は特に印象に残っている。前半のディスり合いも、後半の互いを認め合う部分も、すごく話が噛み合ってるし、フリースタイルの醍醐味を感じられるバトルじゃないかな。

先攻 晋平太1本目
ジャンケンで勝って、俺は先攻を選んだ。先攻を選んだのも、3つのビートの候補から、ダブステップ風の一番ワケわかんねぇやつを選んだのも、「俺は前回大会の王者だし、何が来たって余裕だぜ」っていうパフォーマンスだったんだよね。そのビートが、「ツッツタカタ　ツッツタカタ」っていうシンコペートしているビートだったから、俺は倍速で「東京だから 東京だから 東京だから 東京だから」というラップを乗せた。当時は倍速でラップ

晋平太　　　　　2本目　　　　 NAIKA MC

韻がヤバーい　韻がヤバーい
韻だけだったら進化がなーい
晋平このまま死んじゃわない？
死なない韻だけじゃないの今年は
ビートの選択間違った？
お前はどれでもマザファッカ
後攻取りそうだから選んでやったんだ
どれでも良いビートだろ？
勝手にしろよ　今日も勝つ
見ろよ真後ろの城を

随分その白帽似合ってるけど
ハナから白の帽子？
白旗振ってる奴が
白被ってたら終わりなんだよな
YO　韻だけがどうこう
ビートがどうこう面倒くせぇぜ
やるならもちろん全国
テッペンでタイマン
わかるガイダンス

をする人も少なかったし、これも「俺はお前と違うことやるぜ、余裕だぜ」っていうアピール。
「東京」「即興」「特攻」と細かく韻も踏んでいるけど、内容的には「戦っている場所が東京で、俺は東京代表で、勝つのも東京のヤツだ」っていうシンプルなメッセージだね。「百万の札束が似合う男さ」は、去年のUMBで優勝したときの賞金の話。ここも、前年のチャンピオンとして格の違いを見せに行く作戦だった。

後攻　NAIKA MC 1本目
俺がトリッキーなビートを選んで、普段とは違うフロウを見せたのに対して、NAIKAくんは「トラックの選択を間違えたんじゃないの？」とディスしてきた。「それでこそNAIKA！」っていう見事なアンサーで、会場もかなり盛り上がったね。それにしても、アンサーに真骨頂があるNAIKAくんに対して、先攻を選んだ俺はちょっとアドレナリン出過ぎてたかな

と思う（笑）。
あとNAIKAくんは、韻以外の要素で勝負するタイプ。バースの後半では、そのスタイルをアピールしている。

先攻　晋平太 2本目
俺の2本目は、「韻がヤバいやつが、この先勝てねえことを証明してえ」っていうNAIKAくんのリリックへのアンサー。「俺はアンサー力でも負けねえぜ」っていうアピールだね。相手の得意なパターンに乗っかりつつ、韻も踏んで返していければ、「俺のほうが上だ！」と観客にアピールできるから。あと、「韻だけだったら進化がなーい」「死なない　韻だけじゃないの今年は」っていうのは、この決勝に来るまでに1回負けていることを踏まえたラップ。
後半の4小節は、「お前が後攻取りそうだから先攻取ってやったし、どんなビートでも戦えるぜ」という内容。前回大会の王者らしく、横綱相撲というか、チャンピオンスタイルで

晋平太　　　　　3本目　　　　　 NAIKA MC

韻がどうこうだのビートがどうこうだの
言い出したのは俺じゃねぇだろ
みんなどうよ？
韻がどうこう 因果応報
NAIKA もういい 死んじゃおうよ
白の帽子で取る白星
黒の帽子だぜ黒星
これでいいかい？
バッチリだアンサー
アンタの番さ NAIKA
頑張らないか

最高だね晋平ちゃん
でもやっぱり目の前で奴は死んでいた
殺してやる確かなモンで
大丈夫ありがとう好きだけど殺すよ
この台詞わかるかな？
オマエにクイックされたリベンジ
今日は俺の番さ
わかる？ 死ぬかもしれねぇ
だから歌わせろよ
ラストのバンカー

戦うことを、このバトルでは意識していた。

後攻　NAIKA MC 2本目
NAIKAくんは話を変えて、俺が白い帽子を被っていることをネタに、白旗＝負けという話をはじめた。「韻だけがどうこう　ビートがどうこう　面倒くせえぜ」っていうのは、俺がビートに乗って、韻もバッチリ決めて、会場を沸かせちゃったから、そこから話を逸らそうとしたんじゃないかな。

先攻　晋平太　3本目
俺は「ビートとか韻の話をはじめたのテメエじゃねえか！ お客さんどうよ？」と観客にアピールした。続けざまに「韻がどうこう」「因果応報」「死んじゃおうよ」と、7文字の韻を2小節のあいだに3つ踏んだ。そして白の帽子へのアンサーとして、「白の帽子で取る白星　黒の帽子だぜ　黒星」と返した。このときNAIKAくんは黒いニットキャップを被ってたからね。
こうやって2つ論点を拾ってアンサーができるのは、かなり集中力を保てていて、調子がいいとき。たぶん、俺のバトル史上でもベストのアンサー。

後攻　NAIKA MC　3本目
事実、次のバースでNAIKAくんに「最高だね晋平ちゃん」って言わせたから、俺はもう勝ったと思った。その先はお互い、相手を認めつつも「俺のほうが上だ」っていうラップになったしね。裏側をぶっちゃけると、NAIKAくんは同い年で、すごく仲がいい（笑）。よく電話で話すし、NAIKAくんが東京に来たときはメシ食ったり一緒に酒を飲んだりするしね。

晋平太　　　　　　　4本目　　　　　NAIKA MC

歌えよ *最高のライバル*
だがそれが *最後の言葉になる*
仲良しだけどお友達だけど
音の上ならば *立ち場なしだろ*
立ち話 じゃねぇ　なぜかって
価値があるわけ 俺の *勝ちかなり*
お黙り *こだわり* あるのさ *ドタマに*
ここで負けたら マジで申し訳立たねぇ

そうだ申し訳立たねぇ
けどすべての奴らのため報わせてるぜ
勝ちも負けも
なに小節気にしてんだよ
結局のとこソコだろ
なぁ全国の各地に届けたい
これが生き甲斐って奴がいるぜ
この国今年はすべてが
いきたいと思わなきゃダメだろ

先攻　晋平太　4本目
そういう2人の関係性が、NAIKAくんの「だから歌わせろよ」という最後のリリックに対する、「歌えよ　最高のライバル」というアンサーにも表れている。「最高のライバル」と「最後の言葉になる」は韻を踏み切れてないけど、個人的にはお気に入りのフレーズだね。
後半で名前を出しているDOTAMAくんは、俺じゃなくてNAIKAくんに負けている。だから俺が名前を出すのはちょっと筋違いなんだけど、DOTAMAくんもけっこう仲が良くて。俺が埼玉で、NAIKAくんが群馬、DOTAMAくんは栃木だから、北関東同士ってことでね。もう最後のバースは、「できればキレイな印象で終わりたい」と試合を締めにいってる感じだな。罵り合うのもMCバトルの文化だけど、お互いを認め合う面白さもこのバトルにはあるから、そういう雰囲気もみんなに知ってほしいと思う。

後攻　NAIKA MC　4本目
でも、それも俺の甘さかもしれない。NAIKAくんが俺を認めてる風のラップをしていたのは作戦で、この最後のバースで本気でディスってきたら負けていたかもしれない（笑）。

戦極10章 VS BEST8

NAIKA MC 晋平太

NAIKA MC　1本目　　　　晋平太

NAIKA MC	晋平太
久方ぶりじゃねーか 晋平ちゃん	八文字にすべて任せてるじゃねーか
寂しいじゃねーか	ここに立ってる俺は
司会に行きやがってよ！！	一介のバトルMC以外の
皆が求めてる	何者でもねえ
確かにお前の司会はいい！	**しっかりとその目で見ろ**
いい！認める！	俺の本業が**司会業？**
でもてめえはバトルMCで	そんなはずはねえ **しないよ**
何ぼだと俺は思う	俺は常に光を求めながら
本音だぜこれ本音	泳いでる**深海魚**
ここにあるのは俺のすべての本音	お前の心の**インサイド**を
	えぐるぜ**しっかりと！！**

解説

このときは俺もバトルをするのも久しぶりで、NAIKAくんと戦うのも久しぶりだった。UMBを連覇して、そのあとしばらく司会業に回っていて、1年半くらいバトルに出てなかったのかな。お互いディスり合いつつも、リスペクトし合っているところが面白いバトルだね。

先攻　NAIKA MC　1本目
先攻のNAIKAくんのバースは、俺が司会業をしていた状況を踏まえたもの。「司会に逃げやがって！ バトルではお互いむき出しでやってこうぜ」っていう内容だね。

後攻　晋平太　1本目
それに対して俺は、この日に司会をしていた八文字の名前を出して、「八文字にすべて任せてるじゃねーか」というラップからはじめている。後半は「俺は司会業じゃねえ」という話をしつつ、韻を韻を踏んでアンサーを返していった。
「しっかりと」という言葉が出たときに「深海魚」という単語が出てきて、「インサイド」「しっかりと」と続けていったんだけど、司会業から深海魚は、つながりとしても意外性があるし、最後の1小節は韻も中身もバッチリ合っていて、「決まったな」という感じだったね。

 NAIKA MC　2本目　　　　 晋平太

えぐってくれよ 晋平太
でも一年司会しか してねえよ
俺の気持ちの真ん中
俺も光のほうへ釣られているんだよ
手の鳴る方へ だからココにきたぜ
そしてもう一度
お前とケリをつけようじゃねーか
目ん玉ひん剥いて
もうちょいマシなこといいながら
かかってこいちっちぇえの

目ン玉はひん剥いてる
金玉も丸出し
しかも肝っ玉も超でけえの
知ってんだろ
お前と違ってな
死人の身包み剥いで
それを纏って出てくるような
真似はしねえ
カルマのカルマを背負ってんのか
俺がダルマになるまで
罵ってやるから そんな粋がるな
外で舞うぜ 雪だるま
俺の方が百倍？

先攻　NAIKA MC　2本目
でも NAIKA MC は、次のバースでも「こいつは1年司会しかしてねぇ」という話を引っ張り続ける。俺がずっと司会をしていたのは、印象論じゃなく明確な事実。観客のほとんどもそれを知っているから、そこを突く戦略は賢いよね。俺も当時の自分が相手だったら、同じ部分をツッコむと思うし（笑）。
中盤からは、「光を求めながら泳いでいる深海魚」というリリックにアンサーをしつつ、俺の見た目をネタに煽ってきた。NAIKA くんは相手の話をきちんと聞いてアンサーを返すのが上手いだけじゃなく、現場実況的なフリースタイルも得意。「目ん玉ひん剥いて　もうちょいマシなこといいながら　かかってこいちっちぇえの」って、まさにその場の俺のことを言っているから、会場はすごく沸いたよね。
現場実況的なフリースタイルは観客の共感を呼びやすいから、NAIKA くんのこういうテクニックはみんな手本にしてほしい。

後攻　晋平太　2本目
それに対して俺は「目ン玉」という単語を受けつつ、「金玉」「肝っ玉」と韻を踏んで返していく。韻としては初歩的だけど、意味は通している。あと、見た目をディスられたときは、こうやって笑える感じの返しをできると、観客にも余裕が伝わるし、好印象なんだよね。その先は少し説明が必要かな。この日、NAIKA くんは1回戦で勝ったサイプレス上野くんの服を次のバトルで着て、次のバトル

 NAIKA MC　　　3本目　　　 晋平太

だーるまさんは転ばない	わかるだろ
しっかり進化しますよ今日も	これがライオンとハイエナの違いさ
身包み？ いや戦利品	俺は死人の皮を剥いだりはしないさ
勝ちをちゃんと成立しなきゃ	魂を失えばおしまいさ
意味ねーぜ	お前の光は
全部が全部 この場の勝負	じゃあお前のニット帽を俺が
だが使えるもんは全部使う	みっともないけどかぶってやろうか
これがマスターオブクラシックで	帽子の話すんのも久しぶりだな
バトルMC	今日は
俺は今ここに自分を提示	俺はお前を兄弟だと思ってるぜ
	しかも超巨大な兄弟だ！！

先攻　NAIKA MC　3本目
それに対してNAIKAくんは「だーるまさんはこーろばない」とジェスチャー付きで返ししてきた。コミカルさも出しつつ、的確にアンサーしてくるんだから、本当にくせ者だよ。その先も、勝った相手の服を着て戦う……というディスられた行為を「戦利品」と言って、「使えるもんは全部使う」と反論している。これはNAIKAくんのアティチュードを表す内容にもなっているし、観客も納得しただろうね。

後攻　晋平太　3本目
俺は次のバースで服の話を続けて、「俺は死人の皮を剥いだりしないさ」「魂を失えばおしまいさ」と韻を踏みつつアンサーを返した。その先はUMB2011の決勝で、俺たち2人が帽子の話をしたことをネタにしている。観

で呂布カルマさんに勝ったら呂布カルマさんの衣装を着て……ということをしていたから、「おまえと違って、俺は死人の身包み剥いでそれを纏って出てくるような真似はしねえ」と返したんだよね。
俺は「やられたことはやり返す」という考え方を持っていて、韻で勝負を仕掛けられたら韻で返したいし、見た目をディスられたら見た目をディスり返したい。だからここでは見た目の話で返したんだよね。そのあとは「カルマのカルマ（業）」からはじめて、「ダルマ」「なるまで」「粋がるな」「雪だるま」と続けて韻を踏めたのも良かったかな。最後の「雪だるま」の部分は、ちょっと意味が通ってないけど。

| NAIKA MC | 4本目 | 晋平太 |

NAIKA MC

サッキュー うれしくなっちまって
笑顔もこぼれた
これも俺自身だが
帽子の話
そうか帽子とってみようか
やっぱ無理かもな でも俺は
俺は俺であるため 真っ白になった
やっぱ目の前にいるお前
バトルで輝いてんな
譲る気はねえが
俺も譲る気はねえ
この気持ちてめえに ぶつけるだけ

晋平太

だいじょうぶだぜ
俺たちはいつもこうやってんだろ
譲ってもらういすなんて
いるはずもないのさ
譲る前にDisる それしかできねえ
けど許してくれよな
譲るような真似はしねえからよ
盗人じゃねえ
みっともねえ真似はしねえ
さらけ出して死んで
それで**本望だぜ**
お前は**本物だぜ**
俺も心からしか喋らねえ
だから俺も**本物だぜ**

客も知っている人が多いから、ここもかなり沸いたね。しかも「ニット帽」「みっとも（ない）」と韻を踏みつつ軽くディスっておいて、最後は「俺はおまえを兄弟だと思っているぜ　しかも超巨大な兄弟」とリスペクトも示した。ディスるだけじゃなく、いいヤツぶることもMCバトルでは大事なんだよ（笑）。

先攻　NAIKA MC　4本目
でもNAIKAくんは、いいヤツぶってるわけじゃなく、本当にいいヤツ。だからこのバースでは、笑ってお礼も言ってくれている（笑）。俺とNAIKAくんは何度も戦っていて、ここで紹介している2つのバトルでは勝っているけど、全体では俺が負け越してるんじゃないかな。俺に余裕がなくなってディスリ合いになると、ものすごい泥仕合になってNAIKAくんが勝つんだけど、NAIKAくんを喜ばすことができたときは俺が勝っている（笑）。だから、このNAIKAくんのバースを聞いて、俺は勝ったなと思ったね。

後攻　晋平太　4本目
「譲る気はねえ」というNAIKAくんのラップに対して、俺は「譲る前にDisる それしかできねえけど許してくれよな」とアンサーしている。「気分良く終わらせたい」っていう気持ちが見えるバースだよね。最後の2人のやりとりは、ピロートークみたいな感じ（笑）。

中級編

バトルの練習をしよう
（ふたり以上で）

STEP 01 「アンサー」の力を鍛えよう

Q ひとりでできる練習法に一通りトライしたら次は？

A *仲間と鍛える、アンサー力。*
瞬時に磨く、判断力。

B ―「こういうラップをされたらこうやって返そう」みたいなバトルの練習も、やっぱりひとりでやるには限界がありますよね。

晋 ―― そうだね。ふたりで練習すればバトルみたいにディスり合ったりしないでも、「俺が8小節ラップしたら次はお前のターンね」みたいなやり方で、延々とラップを続けられる。だから自分と同じくらいのスキルの友だちがいるとベストかな。

L ― 人前だとうまく言葉が出てこないんですけど、どうしたらいいですか？

晋 ―― 前にも言ったように、続けることが何より大事だから、言葉が出てこなくなってからが勝負なんだよ。最初はみんな、何小節も続けてラップなんてできないんだからさ。言葉に詰まったり、失敗したりしたことを恥ずかしいと思わないような空気を、友だちとの間で作ってほしいね。ふたりにテクニックの差があるんなら、上手いヤツが相手を導いてあげるべき。

B ― あの、友だちがいない場合は……？

晋 ―― 今はネットでも探せる方法があるから大丈夫。Twitterでも探せるし、直接サイファーをやってる場所に行って入れてもらってもいい。サイファーには、大体ちょっと面倒見の良いヤツがいるもんだから。

Q ふたりでできる練習法は？

A **まずは試しな、YO YO ゲーム。
がんばって続けな、4小節。**

🧑‍🦰 **L**－ふたりでするフリースタイルの練習法には、ほかに何がありますか？

👨 **晋**——片方が2小節が終わるたびにお題を出して、もうひとりが即興でその言葉をラップする……って遊びがあるね。例えば「ソニー」とお題を出されたら、

　　**レコーダーのメーカーはソニー
　　俺の友達は PONY**

「おかき」と言われたら、

　　**おかき食べながら考えるぜ
　　火事の火を消すのは消化器**

傘だったら、

　　**傘はアンブレラ
　　まるで4番打者カブレラ**

みたいな感じ。

👨 **B**－ほんとうに一瞬で考えて、韻を踏む言葉を探すんですね。

晋——マジで何の準備もない即興だから、フリースタイル・ラップのスキルが鍛えられる遊びだね。これはラップを知らない人に見せても「本当に即興でできるんだね！」ってビックリされるよ。あと、初心者向けの遊びで、ふたり以上でもできるものだと YO YO ゲームという遊びもある。

L－それはどんなものですか？

晋——「YO YO ○○」って言いながら、手を叩いて、韻を踏む言葉を順番に言っていくゲームだね。

D－山手線ゲームみたいな感じですか。

晋——そうそう。「YO YO 携帯」「YO YO 変態」「YO YO 天才」「YO YO 現在」と順番で言っていく感じ。これはラップをはじめたばかりの人、やったことがない人でもできるし、韻を踏める言葉のストックを増やすにも効果的な遊びだと思うよ。

 MEMO | PONY……1985年生まれ、レペゼン山梨の MC。2011年の B BOY PARK で優勝。「仲良しです。電話をかけるとひたすらラップで返してくる」（晋平太）

Q 「アンサー」って何？

A その名の通り、ラップの返答。あくまでも*直前のラップの延長*。

晋 ── バトルにでることを意識するなら、相手のラップにアンサーをする練習もしておきたいね。

L ─ 言われることというのは、大体ディスなんですよね。

晋 ── バトルだったらそうだね。だから相手のディスをちゃんと掴まえて、そこに対して言葉を返さないといけない。でも相手のラップに反論するにも、いろんなパターンがある。相手が言った単語を拾って、韻を踏み返すこともアンサーだし、相手の論点のブレているところにツッコミを入れるのもアンサー。「おまえの言っていることが支離滅裂だぜ！」みたいな感じだね。あとはディスられた部分を否定しつつ、自分の考えをラップするのもアンサー。

D ─ アンサーという言葉のイメージから「聞かれたことに返答する」みたいなものだと思っていたんですけど、相手のラップと何かつながりがあることをラップすればアンサーなんですね。

晋 ── そうだね。だから必ずしも、相手のラップしたことや、相手に聞かれたことにストレートに反応しなくてもいいんだよ。「その辺おまえどうなんだよ」って言われても、「いや、知らねえよ。なんでこの場でおまえにそれを発表しないといけないんだよ」と言ってもいいし(笑)。

L ─ 相手はそこで引っかけにきているというか、自分の敷いたレールの上に載せようとしている場合もありそうですもんね。

晋 ── 昔、鎮座 DOPENESS さんと**メシア THE フライさん**のバトルで、「ていうかおまえ地元どこなんだよ！」とメシア THE フライさんにガン詰められた鎮座 DOPENES さんが「言わな〜い」ってアンサーしたことがあったな(笑)。

 MEMO　メシア THE フライ……大田区出身。2004 年に MEGA-G らと JUSWANNA を結成。数々の MC バトルでも好成績を残す。「18 歳の頃、吉祥寺ではじめて会ったときからカッコよかったっす」(晋平太)

Q なぜバトルではアンサーをする必要があるのか？

A *相手のラップがあってこその戦い。じゃなきゃセッションは成り立たない。*

Bーアンサーにもいろいろな種類があるんですね。

晋——相手の質問に「知らねえよ」「言わねえよ」って答えるのもアンサーなんだよね。大事なのはお互いに言葉のキャッチボールができているということ。「セッションできている」って言い方でもいいかな。

Lーお互いがディスに対してアンサーを続けて、言葉のやり取りが続いている状態ということですね。

晋——そう。そうやってお互いの言葉が噛み合って盛り上がっていくのが、フリースタイル・バトルの醍醐味だから。バトルを盛り上げるためにも相手のラップをきちんと聞いて、的確にアンサーを返していくことが大事なんだよ。

Dーのらりくらりと攻撃をかわすような相手の場合は、どうすればいいんですか？

晋——そういうときは、自分の一番の得意技をぶちかまして勝つだけだよね。

Q 相手のラップのどこをアンサーすればよいのか？

A *一番グサッときた部分。*
こそが相手の一番の言い分。

B-アンサーするうえで一番のポイントはなんでしょうか？

晋——一番自分がグサッときたところや、会場が一番盛り上がったところに反応することだね。

D-でも、本当にグサッときたことだったら、避けて逃げたくなりませんか？

晋——そう。だからそこをスルーしちゃうと、「逃げたな」って印象になって負けるんだよ。だから友達とバトルの練習をするときも、いろいろディスってもらってアンサーする練習をしておいたほうがいい。

D-でも、急に友だちにディスられたりしたらショックじゃないですか？

晋——「俺のことそんな風に思ってたの？」みたいなね（笑）。

L-それ、私も聞きたいです。素人だと本当に感情も高ぶって、思ってもいない悪口を言っちゃいそうだし。

晋——気まずい、やべえ、みたいなね。そうなったら素直に謝るしかないんじゃないかな。「言い過ぎた」って。でもラップだからこそ、本音を言いやすいところもあると思うんだよ。

D-自分の欠点を聞ける貴重な機会とも言えますよね。

晋——そう。「俺は人からこう思われているのか」って知れるわけだからね。それもフリースタイル・バトルの醍醐味だと思う。

Q 絶対にディスられそうなポイントがあって怖いです…。

A *そこから逃げずに戦うんだ！逆にブチこんでやれ、カウンター！*

B ― まだバトルに出たことないのに、今からディスられるのか怖いです。「こんなこと言われるだろうな……」とか考えちゃって。

晋 ― 自分がディスられそうなことを考えておいて、それに対する準備をしておくのも、バトルで勝つために必要な戦略だよ。自分を客観視するきっかけにもなるし、事前にやっておくべきことだね。

L ― そうやって想定していたディスが飛んできたら、効果的なアンサーで逆襲できるチャンスにもなりそうですね。

晋 ― そうなんだよ。何度もバトルをやっていると、やっぱり同じようなことでディスられるから、そこへのアンサーが自分の必勝パターンになることもあるよね。

Q どこまで準備をしたら
フリースタイル＝即興ではなくなる？

A *相手としよう、キャッチボール。*
やりとりできれば大丈夫。

L - でも、ひとつ疑問なんですけど、これまでの練習で用意してきた自己紹介や地元のリリックを、そのままラップしちゃったらフリースタイルじゃなくなりますよね？

晋 —— 8小節まるまるとか、4小節まるっと組み合わせのセットをラップしたら、それはフリースタイルとは言えないね。

D - 線引きはどのあたりなんでしょうか。

晋 —— 明確な基準があるわけじゃないけど、まずキャッチボールができているかどうか。だから、相手のラップを受けて、頭のなかにある韻の組み合わせのセットを瞬間的にサッと取り出して、そこに現場で思いついた言葉を付け足していくんなら、それはフリースタイルって言えると思うよ。

L - 相手のラップと無関係のことばかり言ってたら、いくらキレイに韻を踏めててもそれはフリースタイルじゃない……ってことなんですね。そもそも、はじめたばかりの人は、すべてを即興するのはムリだし。

晋 —— だから自己紹介のラップを作ったり、地元のことをラップしたりする練習が大事になるんだよ。そういう練習で言葉のストックを増やしつつ、はじめてバトルに出るときは「少なくとも半分以上は現場で即興しよう」みたいな目標を持つのがいいんじゃないかな。はじめたばかりの人は、そういう努力をしなければ強くなりようもないからさ。もちろんバトルの本番では、ひとつの単語に対して韻を踏める言葉を即座に出していく瞬発力が大事になる。普段からいろんなセットで韻を踏める言葉を覚えておくと、それが本番に生きてくるんだよ。

STEP 02 サイファーに行ってみよう

Q そもそも「サイファー」って何?

A みんなで一緒に輪になって。気づけばラップがはじまってる。

晋 ── フリースタイルで勝ち負けを競うのがバトルだけど、みんなでフリースタイルをして楽しむのがサイファー。同じ趣味の友達を作れる場所でもあるから、みんなも参加してみてほしい。

L ─ サイファーって、街中で集まってラップをすることですよね?

晋 ── 街中だけじゃなくて、誰かの家でやることもあるね。ふたりだけでフリースタイルをしてもサイファーになるし、何十人もいる場合もある。

D ─ 通行人に見てもらう路上ミュージシャンとは、性質が違うんですね。

晋 ── そうだね。街中でやってる場合は、人に見てもらうことも当然意識しているけど、基本的には仲間内で盛り上がる文化だから。

L ─「どういう順番でラップする」とかは決まっているんですか?

晋 ── ルールは特になく、「入りたいやつが入る」のが基本。ひとり何小節とも決まってないけど、8小節でパスしている場合が多いと思う。

Q サイファーはどうやって探す?

A *Twitter*で「**駅名＋サイファー**」で**検索**。
まず行ってみて、できなきゃ見学！

L ― 最近はいろんな場所でサイファーをやっているみたいですね。

晋 ―― ネットで探せば簡単に見つかるよ。Twitter で近くの大きな駅の名前＋サイファーで検索したら出てくるはず。

B ― 僕もサイファーを探すために Twitter をはじめて、検索したらいろんな駅で出てきましたね。

晋 ―― 今はどの駅でも大抵あるでしょ？ 俺の地元のほうだと、花小金井っていうそんな大きくない駅にも、サイファーがあって驚いたね。

B ― 急行が停まるくらいの駅ならあるみたいですね。

D ― じゃあ吉祥寺とかもありますか。

晋 ―― 吉祥寺なんか絶対にあるよね。「吉祥寺でサイファーやりませんか?」って呼びかけても、けっこう人が集まるんじゃない？ だから自分発信で仲間を集めてもいいんだよ。あと、サイファーは場所ごとにルールや雰囲気が違ったりするから、いろんな場所に参加してみて、自分が居心地がいい場所を探すほうがいいだろうね。

D ― 集まっている人の年齢はどのくらいの感じなんですか？

晋 ―― けっこうバラバラじゃない？ サラリーマンも大学生も高校生もいるし、中学生がいる場合もあるんじゃないかな。

Q 初心者は嫌がられる？

A いやいや、むしろ大歓迎！参加まってるぜ、Night and Day！

D ─ そんな若い人たちが集まっているところに、素人の自分が入れてもらって、いろいろ教わるのも辛いなと。

晋 ── そういう人こそ呼びかけて仲間を集めるべきだよ。「当方アラフォーのサラリーマン。同年代でサイファーをできる仲間を探してます」みたいにTwitterに書いてさ。そのくらいの世代の人にも、フリースタイルに興味を持ってる人って多いはずだから。

D ─ どっかの居酒屋集合とかにして。

晋 ── みんなで一杯引っかけてからサイファーはじめて、若者のサイファーに乗り込むぞ、みたいな。「やべえやつら来たぞ！」って盛り上がるよ。

L ─ 通りすがりのおじさんたちがサイファーに入ろうとしていく場面、見たことがあります！

晋 ── 酔っ払って殴りこみはさすがに冗談だけど、普通に「俺らも入れて」って頼めば入れてくれると思うよ。

D ─ でも、すごく閉鎖的なイメージなんですよね……。

晋 ── いや、飛び入り参加は歓迎だし、そもそも人に見て欲しくて街中でやっているんだから。声かけるのは全然アリ。注目してほしいけど、恥ずかしいからみんなで背中を向けてラップしているという、めんどくさい奴らなんだよ(笑)。

L ─ ある程度はラップのスキルがないと参加できないんじゃないですか？「出直してこい！」って言われたり。

晋 ── そんなことないよ。興味を持って参加してくれた人を、いきなりディスったりはしないしね。飛び入りも歓迎しているってことは、声を大にして伝えておきたい。あと最近は学校ごとのサイファーもあるみたいだから、チェックしてみるといいんじゃないかな。

STEP 03　バトルの練習をしよう

Q バトルの練習、何からはじめればよい?

A マイクを持って、用意する観客。そこからはじまる第一段落。

L－晋平太さんも、友だちとふたりでバトルの練習をしましたか?

晋──もちろん。サイファーで集まった場所とか、DJ の家に遊びに行ってマイクつないでとかで、よくやってたね。やっぱり大事なのは、マイクを持ってみること。今は小さくて、マイクを挿せる機材もあるから、そういうものを使うのもいいんじゃないかな。

B－晋平太さんは外でビートを流す時、どんな機材を使ってるんですか?

晋──俺らが使っているのは、アイキューブという iPhone やマイクがつなげて、結構でっかい音が出るもの。これが一台あれば路上ライブくらいはできるし、自分が関係した大会でも副賞のプレゼントになってたね。ラジカセを持っていってマイクをつなげてもいいし。

D－観客もいたほうがいいですか。

晋──一緒にラップしている仲間でも誰でもいいから、対戦相手だけじゃ

なく、聞いてくれる人もいたほうがいいね。周りを巻き込む気持ちがなければ、バトルも上達しないから。

D ― 相手だけ意識していればいい、というわけじゃないんですね。

晋 ― 目の前にいる観客に合わせて、その人達を惹きつけるパフォーマンスを考えることが大切。勝敗を決めているのはお客さんだからね。中高生なら、クラスメイトの前でラップを見せてみるのもいいんじゃないかな。

B ― 勝敗の判定を付けてもらうことも大事ですか?

晋 ― それはもちろん大事。「あそこのパンチラインが良かった」とか、客観的な意見を聞くことができるから。もちろん自分の中での勝った・負けたも大事にしてほしいけど、フリースタイル・バトルは人を巻き込んで楽しむエンターテインメントということを忘れないでほしい。

MEMO MC 正社員……戦極 MCBATTLE の主催者。前身となる戦慄は 2007 年から開始しており、現在の MC バトル・ブームの火付け役とも言われる。「彼こそ KING of MC バトルオタクっすね」(晋平太)

どの大会のルールで練習をすべき？

 ***一番最初は基本中の基本。
くり返す「8小節×2本」。***

B-大会ごとに微妙にルールが違うので、そのやり方を1度やっておくと、「俺、これ苦手だ」とか分かるかもしれないですね。

晋──日本のMCバトルで有名なのはUMB、戦極MCBATTLE、ENTER MC BATTLE、THE 罵倒、あとKING OF KINGSとかかな。それぞれ違いがあって、UMBは全国大会。町、地域に根差した地域予選もあって、ルールも一番オーソドックスと言われている8小節2本。準決勝、決勝になったら8小節4本か16小節2本になる。

L-じゃあ他の大会はルールが違うんですか？

晋──一番特徴があるのは罵倒じゃないかな。罵倒は東京の下町の大会で、決勝戦はアカペラとか、ボディタッチありとかルールが変わってるね。大阪のENTERも東京のバトルとはまた違う雰囲気がある。韻踏合組合が大阪で主催している大会で、ボディタッチありだし、準決勝からアカペラが入るのも特徴。

D-それ以外の大会は？

晋──**MC正社員さん**が主催している戦極は、ルールはオーソドックスだけど、その分ちょっと華やかというか、ポップな印象がある大会。全国1番を決める大会じゃないけど、注目度は高いね。

L-SCHOOL OF RAPっていう大会もありますよね。

晋──20歳以下が対象で、**ダースレイダーさん**が主催している大会だね。それ以外にも全国に大小いろんな規模の大会がある。

B-地方によって会場の雰囲気が違ったり、というのはありますか？

 MEMO ダースレイダー……東京大学中退のラッパー。『高校生RAP選手権』ではレフェリーを務める。「ずっとお世話になってる先輩。鎮くん(鎮座DOPENESS)と俺のバトルでもレフェリーでしたね」(晋平太)

晋 ── あるね。大阪はライミングの面白さとかセンスがうけるし、九州はモロ九州男児っぽい熱い感じのラッパーが支持さる。福島は **JAG-MEさん**という上手いラッパーがいるせいか、リズミカルなフロウが重視される感じ。東京はシリアスなラップが受けやすい傾向があるけど、ストレートにかっこいいヒップホップを提示してくる人が多い印象かな。

L ── お客さんの歓声でジャッジする大会と、そうじゃない大会がありますよね。

晋 ── 『フリースタイルダンジョン』とか『高校生 RAP 選手権』は審査員によるジャッジだね。審査員だと、ラップの中身を分析して勝敗を決めるけど、お客さんは好き嫌いもあるし、会場の空気にも影響される。

L ── 極端な話、試合がはじまる前から「俺はこっちを応援する」と決めている人もいるわけですもんね。

晋 ── そうだね。だから司会をするときは「好き嫌いじゃなく、目の前のバトルで勝敗を決めてください」とは伝えるようにしてる。お客さんには、勝敗を決める人間としての最低限のルールを守ってもらいつつ、自分も大会の参加者の一部なんだという認識で楽しんでほしいな。

 MEMO | JAG-ME……福島出身。UMB 本戦の常連で、R- 指定や晋平太とも名勝負を繰り広げる。「フロウで攻めてくるタイプのラッパーで、マジでカッコいい。鎮くんと並んで戦いづらい相手」（晋平太）

主なMCバトルの大会

ULTIMATE MC BATTLE (UMB)

2005年よりはじまったMC BATTLEの全国大会。全国約30箇所で予選が行われ、2011年度より全国予選の規模を拡大し合計32名、2016年からは48名で決勝大会を行う。

戦極 MCBATTLE

2007年度より前身となるイベント「戦慄」がはじまり、2012年1月より現在の名前に。本選は計32名、または64名で開催。主催者サイドが選抜したMCと予選を勝ち上がったMCで行われる。

THE 罵倒

2007年からスタート。下町の祭りとしてはじまったが、年を重ねるごとに規模を拡大。大会のスタンスはボディタッチ有りの真剣勝負。決勝ではアカペラ対決があるのも特徴。

ENTER MC BATTLE

韻踏合組合が大阪で主催している大会。奇数月第4土曜日に開かれ、年末には大会成績優秀者が集まり、年間王者を決める。関西で活動するMCが多くエントリー。

KING OF KINGS

2015年よりスタートした、漢 a.k.a. GAMI主催の大会。『高校生RAP選手権』や『戦極MCBATTLE』など、ほかのバトルの優勝者も招待される。

BAZOOKA!!! 高校生RAP選手権

「BSスカパー！」のバラエティー番組内のコーナーとして2012年にスタート。歴代チャンピオンが集うオールスター戦となった第10回大会は日本武道館に8000人を集めた。T-PablowやMC☆ニガリ a.k.a. 赤い稲妻などを輩出。

Q 会場を盛り上げるにはどうすればよい?

A コモンセンス＝「*共感*」。
見つけたぜ、会場に火がつく*瞬間*。

B ― 勝つためにはお客さんを味方につけるのも大事ですよね。

晋 ―― そうだね。だからこそ、会場のみんなの共通認識になっている情報を盛り込んでいくべき。相手の見た目へのディスが盛り上がるのも、それがお客さんの目に見える情報だからだよね。あと2回戦からは、会場の雰囲気に合わせて戦い方を変えるのもアリ。ドギツいディスがウケる会場もあれば、韻を踏むヤツが支持される会場もあるし、大会によってカラーも違うから、その日の観客に求められているものをラップに盛り込んでいくことが大事になるんだよ。

B ― たとえば1回戦で有名なラッパーが負けた場合、それを自分の2回戦のラップに盛り込むとウケそうですね。

晋 ―― 負けたラッパーがベテランなら、「若い世代が勝つ時代なんだよ!」みたいに言えば、会場は沸くからね。あと地方のバトルでは地域ネタもいい。**HIDADDYさん**が沖縄のバトルで「沖縄の挨拶はハイサイ 俺はHIDADDY フロム関西」ってラップをしてたことあったな。

L ― それは盛り上がりそう!

晋 ―― 函館でのバトルで、ラグビーの五郎丸が注目されている時期に「俺は集中する五郎丸 突出してるぜ まるで五稜郭」ってラップしたりね。こうやって時事ネタと土地ネタを合わせるのは、まあサムいんだけど、確実に盛り上がる(笑)。ファンサービス的なもんだよ。

B ― 「客に媚びてんじゃねーよ!」とかディスられそうですね。

晋 ―― 相手が言ってたら俺もディスるしね(笑)。でも俺はエンターテイメントとして、子どもも喜びそうなことも率先してやるタイプだな。

MEMO HIDADDY……大阪を拠点にする韻踏合組合に所属。ヒップホップアイテムを取り扱う「一二三屋」を経営。「HIDAさんの『ヒダディーひとり旅』をマネして『はじめの一歩』って企画をはじめました」(晋平太)

Q 先攻と後攻、どちらが有利？

A **たしかに若干、後攻有利。
だからこその即興重視。**

L ― 先攻と後攻、どっちが有利というのはありますか？

晋 ―― 後攻のほうが有利と言われてるけど、俺は先攻でも大丈夫なタイプ。先攻は自分で話の流れを作れるから、好きな型にハメることもできるメリットがあるんだよね。『8Mile』の最後のバトルでも**エミネム**は先攻をとって、自分の弱点や言われたくないことを相手より先にラップして、それで後攻は何も返せなくなって負けた。あれが先攻の勝ち方の理想かな。

B ― 初心者は後攻のほうがやりやすいですか？

晋 ―― 後攻のほうが、フリースタイルっぽくしやすいね。先に仕掛けるのが苦手で、相手の話を受けて返すほうに自信がある人も、後攻を選ぶのは当然アリ。でも先攻になる可能性もあるんだから、準備をしておくのも大切。「準備したことを言うのはフリースタイルじゃない」みたいに言う人もいるけど、自分が先攻になる可能性もあるのに、何も考えずに本番に臨んでいる人なんていないから。そういう批判をするヤツは、風俗に行っておきながら風俗嬢に説教するヤツくらい意味がわからない（笑）。

D ― 先攻になる可能性は50％あるんだから、「先攻は苦手です」とか言ってる場合じゃないですね。

晋 ―― そう。先攻になっただけでテンパる人は準備不足。先攻でもフリースタイル性をアピールしたいなら、その会場にあるものや雰囲気を盛り込んでいけばいいわけだし。

B ― ラッパーのスタイルによって先攻が得意、後攻が得意とかはあるんですか？

MEMO　エミネム……デトロイト出身。2002年には自伝的映画『8 Mile』に主演。主題歌「Lose Yourself」はアカデミー歌曲賞を受賞。「日本公開時、宣伝カーの運転手のバイトしてました（笑）」（晋平太）

晋 ── あるだろうね。たとえば NAIKA くんは先攻でもいけるけど、揚げ足を取るのがとにかく上手いから、後攻を取ると相当強いタイプ。逆に先攻が強いラッパーはあまりいないけど、苦手なら定番の入り方を考えておく手もある。大阪のラッパー **BIG MOOLA くん**は、「OK 先攻はビッグモーラ」って言葉からはじめるのをパターンにしていて、会場は沸くし、最初の「OK」をみんなで歌えるくらい定着している（笑）。

D ── 先攻・後攻のどっちかが苦手とか、そういう意識はなくしておいたほうがいいと。

晋 ── あと、個人的なことを言うと、まったく知らない相手と対戦した時に、後攻を選ばれるとイヤだね。「お前の情報、何もねえのに、どうすればいいの？」っていう（笑）。もちろんそれでも戦うけど、自分がまだ駆け出しで、相手が名の通った MC なら、先攻を選んで仕掛けてほしい。それにキッチリ返していくのが先輩の役目だと思っているから。

MEMO | BIG MOOLA……ENTER などのバトルでも好成績を残すラッパー。韻踏合組合の HIDADDY が経営するショップ「一二三屋」の店員も務める。「名前通りデカい。見た目は怖いけど超やさしいっす」（晋平太）

Q 延長戦になったらどう戦うべきか？

A 話題を引っぱるか、話題を変えるか。見極めろ、やるかやられるか！

B-延長になった場合、戦い方を変えることはありますか？

晋──「流れを切り替える」「そのまま引っ張る」の2択だね。それまでの流れが自分に不利だったら、引っ張らないほうがいい。会場のことやDJのことをネタにしてはじめれば、流れをリセットできる。

D-いい流れだったら、そのままの流れで続ければいいと。でも、基本的には、いい戦いで盛り上がったから延長になるんですよね。

晋──そうじゃない時もあるよ。「どっちが勝ちでもいいよ……」みたいに盛り下がっていて、「これ、延長もやんの?」みたいな(笑)。自分が司会をやっているときは、これが続くのがツラい(笑)。

B-大会によっては、アカペラをするバトルもあるみたいですけど……。

晋──アカペラのときは、ただのお喋りにならないように、自分の中のビート感とか、自分なりのラップの刻み方をキープするのが大切。ただ、ビートに合わせてラップする練習を積んでいれば、アカペラでも対応できるはずだから、特別な練習はそんなに必要ないかな。

L-あとバトルに関係ない場所で「ラップしてよ」みたいに無茶ぶりされたときも、アカペラにならざるをえないですよね。

晋──飲み会とかね。はっきり言って、アカペラで盛り上げられないヤツは、ビートが鳴ってても盛り上げられない。だから、アカペラでかっこよくできるようになるまで練習するのが、逆の意味で必須かもしれない。アカペラだとのっぺりしたラップになる人は多いから。

D-フロウとかリズム感が問われる感じですもんね。

Q 観客を味方につけるには？

A **大切に、一回戦一回戦。つらぬけ、自分の一貫性！**

晋 ── 客を味方につける……というと語弊があるかもしれないけど、やっぱりお客さんはすべての試合の流れを見ている。前の試合も見ているし、どんな勝ち方をしているのかも見ているし、その1日に行われるドラマを見ている。だから、いい勝ち方をしたヤツは次の試合でも応援されやすいんだよ。

D ── 逆に、卑怯な手段で勝った……みたいな印象を持たれると不利になると。

晋 ── そうだね。だから勝ち方にもスタイルにも一貫性があったほうがいいし、そのスタイル自体を好きになってもらえれば、応援してもらえる。たとえば呂布カルマさんだったら、好きなお客さんは「あのピリピリした感じのラップをもっと聞きたい」「その毒っ気で晋平太をぶっ殺してくれ」と思うでしょ？ ポジティブで熱い言葉を聞きたい人なら、俺を応援してくれるだろうし。

L ── バトルの内容で判定するとはいえ、個人の好みの違いも出てきちゃうわけですね。

晋 ── そう。お客さんが決めるものだから、それは仕方のないことでもある。あと、ムダにお客さんから反感を買わないように、バトルの前後の振る舞いも気をつけたほうがいいね。所作が美しい人とか、礼儀正しい人は応援してもらいやすいし、バトルの時間になっても出てこなくて、挨拶もできないヤツはやっぱり嫌われる。バトルモードに入っちゃってると、そういうことは忘れがちなんだけど。

B ── お客さんの印象には残りますよね。

晋 ── あと、勝敗がついた後は人間性が出るから、試合の後の振る舞いも大事だね。明らかに実力的に下な相手と対戦する時に、どう戦ってどう勝つか……というのもお客さんの印象には残る。

D ― 手を抜いてフザケても印象が悪いし、実力が上の側がディスリまくっても悪印象だし。実は難しい戦いかもしれないですね。

晋 ― そうなんだよ。俺はどんな相手でも手を抜いたりせず、対戦相手の1人1人と真剣に向き合って勝ち上がっていきたい。そういう人間こそ、チャンピオンにふさわしいと思うから。

B ― ちなみに晋平太さんはバトルの司会や審査員をすることも多いと思いますけど、審査員目線で「こういうヤツに勝たせたい」とかはありますか?

晋 ― 個性がある人に勝ってほしい、とは思うね。ていうか、大会では、よっぽどスタイルに個性があったり、言ってることにインパクトがあるラッパーじゃないと、名前や顔も覚えられないから。

L ― 「こっちの人のほうが無難にまとまってたけど、コイツは韻は荒くても個性があるから、個性があるほうに勝たせるか」みたいなことも……。

晋 ― 全然あると思うね。

❓ 「地元レペゼン」「不良自慢」は必要?

🅰 *思ってなければ無理するな！*
不良じゃなればフリするな！

L ─ あと偏見かもしれないですけど、ラップをする人って地元愛がやたらに強くて、地元アピールをする人が多い気がするんですけど。

D ─ 「レペゼン川崎」とか言いますよね。

晋 ── 全国大会の場合は、その人の出身地がひとつの個性にもアピールポイントにもなるから、それをラップにするのは普通のことだね。「高校生 RAP 選手権」はラップの甲子園みたいな大会だし。

B ─ 地元愛が強くない人は、無理に出身を語らなくてもいいんですか？

晋 ── 別に言わなくてもいいんじゃないかな。無理して地元愛を語っても、途中でブレてくるし、「言ってることとやってることが違うじゃねえか」みたいにツッコまれたりするから。

L ─ 晋平太さんは地元についてラップすることはないんですか？

晋 ── 俺は地元が好きだし、そこに友だちもたくさんいるけど、積極的にラップにはしないな。東京代表として出場して、「〔埼玉県の〕狭山市出身のくせに」と埼玉県出身のラッパーに言われたことがあったけど、そのときは「活動する場所がねえから、東京に行ってるんだよ」ってアンサーしたかな。基本的に埼玉県民はあんまり埼玉愛がないし（笑）。

B ─ 逆に自分の地元に強い思い入れがある人は、それをラップにしたほうがいいんですね。

晋 ── そうだね。地元に対する思いが強くて、それが自分がラップすることに繋がっているなら当然アピールすべき。でも、相手に何を言われても地元ネタで返してたら「何言ってんだコイツ？」ってなるし、それじゃバトルにならない。だから自分の地元がどこということは、フリースタイル・バトルを戦ううえでの個性のひとつでしかないと考え

たほうがいい。ただ、MCバトルを地方でやるなら、そこの地名とか観光名所をラップに入れるのは会場が沸きやすいからアリかな。

B─あと「不良自慢」や「ケンカの腕自慢」、「武勇伝」なんかをラップする人も多い気がしますけど、それも無理して言わないでいいですか?

晋─それも同じだね。無理して作ってもボロがでるから。そもそもフリースタイル・バトルはラップの勝負。ラップさえ上手ければ、ケンカを一度もしたことがないヤツでも、強くて怖いヤツに勝つことができるんだよ。あと実際には、「俺はムショに何回入った」みたいなことを言う人はほとんどいないし、そういうラッパーは決して主流でもない。「ヒップホップ＝不良の文化」みたいなイメージが定着しているのかもしれないけど、実際は、そういうヤンキー気質のラッパーは減っている気がするな。

STEP 04 バトル出場の準備をしよう

Q バトル出場には、どのくらいの上手さと練習期間が必要？

A *必要なのは、根拠のない自信。勇気こそ、自分の方位磁針。*

B — どのくらいのレベルになったらバトルに出ていいんでしょうか？

晋 —— 特に基準はないけど、「俺はバトルに出られるレベルだ」という自信がついたら、その時点で出ていいんじゃないかな。「友だちが出たから俺もノリで」とかも全然アリだし。

L — 「そんな下手くそなのに、まだ出てくるなよ」とか言われたりはしないですか？

晋 —— 自分も出場したり、司会をしたりする立場だけど、仮に下手でも一生懸命にやっている人なら、そんなことは思わないね。のっけから悪ふざけしていたら、「もう来んなよ」とは思うけど。でも、あんまりヒドい失敗をするとトラウマになる可能性もあるから、やっぱりそれなりの練習と準備はすべきかな。

D — 一度バトルのステージに立つと、「自分は変わった」みたいな手応えはありますか？

晋 —— それはみんなあると思うよ。人前でラップをするって、本当に大きな経験だし、それは「ラッパーになりたい」「フリースタイル・バトルに出たい」と思った人の夢が叶うことでもある。だから、ある程度自信がついてきたら、勇気を出して出てみるべき。

B — どんな準備をすればいいですか。

晋──人に何を言われても動じない心の準備。あと、「俺がぶちかましてやるぜ！」って意気込み。バトルに出るということは、「勝ちに行く」ということだから、その心の準備は絶対にしたほうがいい。

D ─シラフだと勇気が出ないので、試合前、ちょっと酒を入れたりしても大丈夫ですか？

晋──それはタイプによるかな。俺は前日も当日も酒は飲まないけど、ベロベロに酔っ払ってバトルに出てくるヤツもいるから。そういうヤツは途中までは酒の力で絶好調でも、だいたい途中で力尽きるけどね（笑）。まあ、1杯引っかけるぐらいは全然オッケーじゃないかな。

Q バトルでオススメのファッションは？

A *自分に似合った無理ないファッション。だけど一番大事なのはパッション！*

B-服装とか見た目の演出をすることも大事ですか？

晋——それは本当に大事。見た目は相手もディスりやすいから、イジりやすい部分を見せてしまうのはよくない。Tシャツの首がダルダルで髪がボサボサ、メガネが指紋でペッタペタみたいなのは必ずディスられる。

L-そんな人いるんですか？（笑）

晋——それが最近はいるんだよ。服装や見た目を気にしないラッパーが増えちゃったのは、良くないことだよなぁ。俺やR-指定くんみたいに、とにかくラップだけで勝負して、ファッションとかは別に頑張るわけでもない……という人が出てきたことも要因かもしれないけど。でも俺もバトルに出たての頃は、突っ込みどころを残さないように、白いTシャツにジーンズとか、当たり障りのないヒップホップっぽい格好をしてたね。「これなら特に文句もねえだろう！」みたいな（笑）。

D-でも顔のこととか、身長が低いとか、太ってるみたいな特徴は隠し切れないですよね。

晋——特徴的な見た目の人は、そこをよく突っ込まれるね。逆に言うと、それに慣れているから、下手に手を出すと危険。たとえばDOTAMAくんなんかは、あえてスーツを着てああいうキャラを演出しているから、スーツの話をされたら勝てない。女の子相手にビッチと言っても絶対にその返しは用意されている……というのと同じ。

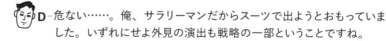**D**-危ない……。俺、サラリーマンだからスーツで出ようとおもっていました。いずれにせよ外見の演出も戦略の一部ということですね。

晋——ただ、「キメすぎていてダサい」というのもあるから、そこは注意かな。あとメガネをかけてスーツだったら、「こいつはDOTAMAみたいに面白いことを言うのかな？」と思われるから、ハードルが上がる

かもしれない。

D─ハードルは下げておきたいです！

晋──なら、俺みたいに無難にヒップホップっぽいカッコをしておくべき。よほど変わったカッコとか、不潔なカッコをしてないかぎり、服装のことはツッコまれないから。なぜなら、大抵の相手のラッパーも、自分の服装にはそんなに自信がないから(笑)。あと服装のことをツッコまれたら、「お前は見た目のことしかラップできねえのかよ！」と切り返す技もあるね。

上級編

バトルで勝ち上がるためには

STEP 01 バトル実践編

Q バトルの当日はどんな準備をすればよい?

A *情報収集する、最低限。*
意識しよう、エンターテインメント！

B ‐ バトルの当日はどんな準備をすべきなんでしょうか?

晋 ── 相手の情報収集をしつつ、試合前にバトルでツッコまれるような振る舞いをしないこと。俺も以前に、地方のバトル会場の下のクラブで遊んでるのを見られて、対戦相手にバトル本番で「お前ここに何しに来たんだよ！チャラ箱に行ってナンパでもしておけ」と言われたことがあったからさ(笑)。さすがにヤバいって思ったけど、「俺はこの街のすべてをチェックしに来てるんだ。一般の人も巻き込むためにな」みたいに返したね。

L ‐ そう切り返すと、なんか晋平太さんのほうが優勢に見えますね。

晋 ── いや、あの動画はアップしないでほしい(笑)。でも、そうやって、バトルの前に弱点を見せないことも大事。俺もバトルをやりまくっていた頃は、気心知れていないヤツとは喋らなかったし、仲良くもならないようにしていたな。

D ─ 情報収集というのはどんなことを？

晋 ── 誰と対戦するかをチェックして、知っているヤツなら「こういうことを言われるだろうな」「こういうふうに攻めよう」みたいな戦略をある程度は考えておく、って感じかな。

B ─ 知らない相手の場合はネットで検索したりとかは？

晋 ── 俺はそこまではしない。けど、今は動画で見られるから、見る人もいるだろうね。でもフロアを見て、「どいつなのかな？」とチェックはするし、名前から連想してどんなヤツなのか考えたりはする。対戦相手がだいぶ前から決まっている場合は、イメトレもするな。「こういうキャラを打ち出しているけど、この角度に弱みがあるな」とか。

L ─ フリースタイル・バトルとはいえ、事前にそういう準備はするんですね。

晋 ── 相手が誰だか分かっちゃえば、いろいろとバトルのことを事前に考えるのが普通だからね。もちろん「俺は完全に無の状態で臨みます」というやり方でもいいし、それで勝っている人もいるけど、みんな何かしらイメージはしているんじゃないかな。

B ─ ステージに立ったら何をすべきですか？

晋 ── まずマイクチェックをして、モニターの音の返りを確認する。あと、会場を一通り見渡して、戦う相手をしっかり見つめること。チャックが開いてたりするかもしれないからね（笑）。

D ─ もしそうだったら、そこを攻められますね（笑）。じゃあ「これを言おう」とかは考えすぎないほうがいいんですか？

晋 ── そうだね。目の前で起きていることに反応できなくなるから。会場にはどんな情報が落ちてるか分からないし、その場にあるものにとっさに反応していくことが大事。「あれ言えば勝てた！」って後から気づくこともあるけど、準備したことを言うよりも、フリースタイル性のあるラップをしたほうが面白いし、勝てるんだよね。

Q バトルの最中、
相手のターンのときには何を考えるべき？

A 人のラップをよく聞け！
じゃなきゃ状況はすごく危険。

B ─ バトルの最中、相手のターンのときに何を考えればよいでしょうか？

晋 ── とにかく相手の話を聞くこと。「フリースタイル・バトルでどうしたら勝てるようになるか？」と聞かれたら、俺は「相手のラップをよく聞くこと」って言うね。

L ─ 何を意識して聞けばいいんですか？

晋 ── 自分のバースになったときに、どこを拾ってアンサーできるか、ということ。引っかかる論点、とっかかりさえあれば、そこから流れを展開して、自分の番になったらぶつけることができる。それは話の矛盾でもいいし、同じライミングを何個も重ねて返せる自信があるなら、ライミングでもいい。でも、どれだけ頑張って聞いても、8小節の中で多分2個ぐらいしか返せる要素は拾えない。ずっと集中して聴き続けて、「どこだ？ どこを拾えばいい……？ 1個もねえじゃねえか！」みたいなときもあるから。

D ─ そういうときはどうすれば？

晋 ── 最後の一言を拾って話を続けるか、それまでの話と切り離して自分の話をするしかない。でも最後の言葉を拾うだけだと、相手のペー

スにのまれてグズグズになることもあるから注意だね。とにかく1つでも論点を拾っていれば、フリースタイル・バトルが成立するし、2個拾えたらだいたい勝てる。3つ拾ったら完全に勝てる手応えがあるね。

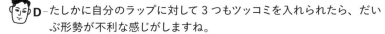
D―たしかに自分のラップに対して3つもツッコミを入れられたら、だいぶ形勢が不利な感じがしますね。

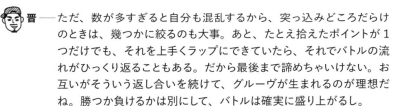
晋――ただ、数が多すぎると自分も混乱するから、突っ込みどころだらけのときは、幾つかに絞るのも大事。あと、たとえ拾えたポイントが1つだけでも、それを上手くラップにできていたら、それでバトルの流れがひっくり返ることもある。だから最後まで諦めちゃいけない。お互いがそういう返し合いを続けて、グルーヴが生まれるのが理想だね。勝つか負けるかは別にして、バトルは確実に盛り上がるし。

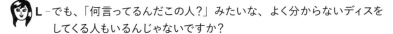
L―でも、「何言ってるんだこの人？」みたいな、よく分からないディスをしてくる人もいるんじゃないですか？

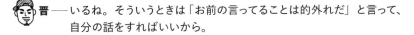
晋――いるね。そういうときは「お前の言ってることは的外れだ」と言って、自分の話をすればいいから。

Q 相手のターン中、ステージ上でどう振る舞うべき？

A 馬をなだめるようにドードーと。ジタバタせずに、堂々と。

B — バトルで相手がラップしているとき、どこを見てどんな動きをすればいいんでしょうか。

晋 —— 一番いいのは、相手の顔周辺をぼんやり見ておきつつ、何を言っているのかしっかり聞くこと。ムリに挑発したり、変な動きをしたりしてもサムいから、とにかく目立たないほうがいい。客のほうばかり見ていてもツッコまれるからね。

D —「俺から目を反らしてんじゃねぇ！」とかですか？

晋 —— そうそう。「変に動いてムダな文句を言われないようにする」というのもひとつのスキルだね。相手のラップに合わせて体を揺らしすぎても、相手もよけいノリが良くなっちゃうから、やっぱり変に動かないほうがいい。あとは先回って相手のライムをかぶせちゃう。しかも、それを声に出して言わない……ということは時々やるかな。

L — それはバトルを見ていてもときどきありますね。

晋 —— あとディスられたときは、否定するしぐさをしたり、大きなリアクションをとっちゃうと相手の思うツボ。「だっせえ」みたいな感じで笑っているのが、地味に相手が傷つく（笑）。あまり趣味の良い手じゃないんだけどね。

B — 痛いところを突かれても大きなリアクションをしないということが大事なんですね。

晋 —— どこで観客が沸くか分からないから、最後までちゃんと聞き続けること。あとアンサーを返すときは、これまでも言ってきた「共通認識」を意識することが大事。自分の個人的な感情ではなく、みんなが共感できるディスをしてほしいな。

Q 8小節の「オチ」は決めておくべき？

A ラップしはじめたら、ボチボチ。意識すべき、話のオチ。

L―相手のラップを聞いて、「こういうことをラップしよう」と決めても、それを8小節続けられるとは限らないですよね。途中で話が終わってしまうこともありそうですし……。

晋――8小節を1つのテーマで引っ張れたら美しいけど、4＋4でも全然アリだよ。前半の4小節でひとつアンサーを返して、後半の4小節でもうひとつ返せたら、かなり勝てる可能性も高くなる。だから論点を多く拾っておいたほうがいいんだよ。

B-8小節のオチとか、4小節に分割した場合のオチとかは、早い段階で決めているんですか？

晋――なんとなくは決めてる場合が多いかな。アンサーしたい部分をオチにもっていって、そこにつながる話とか、そのアンサーの理由とかを1～2小節目でラップする感じ。絶対言いたいアンサーを最後に持ってくるのは、R-指定くんが上手だね。俺はオチをカッチリとは決めずに走り出すこともあるけど、4小節単位で区切りは考えてるかな。

D-8小節を即興しろと言われると難しい感じがしますが、そうやって考えていくと、できそうな気がしてきますね。

晋――論点が2つ拾えていれば、8小節になるからね。オチの2小節でバチっと話が決まっていれば、最初の2小節は韻を踏んでいなくても別に大丈夫だし。

Q バトル中に言葉に詰まって止まったときの挽回策は？

A 詰まった時の挽回策？詰まってないフリすれば、案外楽。

B ─ バトル中に言葉に詰まってしまったときの挽回策はありますか？

晋 ─ とにかく詰まってないフリをすること。噛んだときも同じだね。練習の時にも「言葉に詰まっても続けろ」と言ったけど、それは本番でも同じ。少し噛んだくらいなら「噛んでないですけど？」って余裕の態度でスルーすべき。とにかく最後の最後まで諦めるな、としか言えないかな。あと、最悪の最悪を想定して、「言葉に詰まったらこれを言おう」ということを決めておくのも手。一応の保険になるからね。

それが決まっていると安心感がありますね。

L ─ よっぽど心配なら、だけどね。逆に、その準備した言葉を意識しすぎたせいで、実際に言葉が詰まりやすくなる……ってこともある。意識したことは現実化するからね。

本当に頭が真っ白になって、何秒も止まっちゃったときは？

D ─ それは挽回しようがないかもしれないけど、それでも知らないフリして続ける。それが最後の試合じゃないんだし、最後まで戦う姿勢とか、お客さんを楽しませる姿勢を見せてほしいな。

STEP 02 弱点を克服しよう

Q バトルに負けて落ち込んでいます……。

A *しっかり見つめる、負けた原因。*
大事なのは、次につなげる精神。

B - バトルに出てみて、スキル的にも相手を上回れた手応えがあったんですけど、勝てなかったんですよ。

晋 —— 負けたときは「自分はどうして負けたのか」と自分なりに考えながら、試合を振り返ってみることが大事。「一番会場が沸いた相手のディスを返せなかった」とか、「自分のあの一言で観客が引いたな」とかね。あとバトルはラップのスキルだけじゃなく、戦略とか全体の組み立て方も勝敗を分ける要素になる。勝っているヤツは、その組み立て方も上手いんだよね。

D - スキル以外の部分で、見ていて「そりゃ負けるだろ」と思うラッパーにはどんなタイプがいますか。

晋 —— 独りよがりなタイプだね。相手とキャッチボールもできないで、自分のすごさだけをラップするヤツ。

L - テンパっちゃってる人もやっぱりダメですよね。

晋 —— ひとりでアワアワしちゃってる人とか、声が小っちゃくて聞こえない人とかも、まあ負けるよね。バトルの勝敗は見ている人が決めるから、「何を言ってるのか分からない」という人は負ける。あと、明らかに用意してきた言葉をそのまま言ってるヤツもダメ。

B - 暗記したものを読んでいるみたいな感じですね。審査員目線でダメなラッパーは？

晋 —— 人の話を聞けていないヤツ。ルールとか大会の流れとかわかって

いないヤツとかは、やっぱり勝たない。人が説明していることを聞けないヤツは、相手のフリースタイルも聞いていないから。「俺はこんなこと言ってやるぞ」と試合前から鼻息荒くなっているヤツも、負けることが多いかな。何文字踏んでいようと、言ってることが的はずれじゃあ何の意味もないから。

L-晋平太さんは、「あれはボロ負けしたな」とか、印象に残っている試合はありますか。

晋──負けた試合は、終わった後は振り返るけど、その後は忘れちゃうんだよね。悪いイメージは引きずらないし、基本的に「自分の中では負けてねえ」と思う無敵な能力が自分にはあるから（笑）。

B-自分の中での勝ち負けが大事だと言っていましたよね。

晋──大事にしてるね。負けても「会場の空気のせいでしょ。あとから見たら俺のほうが勝ってるわ」とか思うようにしている（笑）。でも、2009年のUMB東京予選の2回戦で、メシアTHEフライさんに負けたときは、自分でもボロ負けだと思ったな。

Q 韻を踏むスキルには自信があるのに勝てません……。

A *「寝技」での現場対応。*
身につければ、メッチャ最強。

L - きれいに韻をたくさん踏んでいる人が勝てる、というわけじゃないんですね。

晋 ── そうだね。俺が見たバトルでも、韻を踏むのが上手いコが引き分けで延長になったとき、「俺のほうが絶対うまいのに」って、観客に文句をつけたことがあった。確かに彼はスキルはあるんだけど、対戦相手はラップは拙くても、客を煽る能力とか、相手とキャッチボールする能力がきちんとある人だった。だからあまり韻を踏んでいなくても、相手の揚げ足を上手くとったりとか、核心的な論点をついたりできれば、バトルには勝てる。俺はそういう戦い方を「寝技」と呼んでいる。韻をリズムよく踏んでいく戦い方は、いわばパンチをリズムよく繰り出す正統派ボクサーの戦い方でしょ。

D - 次々とパンチを繰り出して、相手を押し込む感じというか。

晋 ── それが上手い人の場合は、相手も打ち合ってくれれば勝てるんだよ。でも、打ち合いの勝負を避けて、寝技で勝負をかけてくるヤツもいる。そういう相手は、いくら連続で韻をぶつけても、核心的な言葉をひとつ返すだけで試合の流れをひっくり返したりする。なぎ倒されてチョークスリーパーされたような状態だよね。

B - そういうスタイルの相手には、どう戦ったらいいんですか？

晋 ── おもいきって相手の戦い方に合わせるのもひとつだよね。寝技で論破されかかったら、こちらも韻を踏む戦いかたは捨てて、相手を論破するようなスタイルに変えるとか。

STEP02　弱点を克服しよう

Q 苦手なビートがあります……。

A ビートにするな「好き嫌い」。
基本は合わせて無理しない。

B─僕、速いビートになると口が回らずうまくラップができないんですけど……。

晋──そういうときは無理しないことだね。速いビートのときは言葉数を減らしちゃっていい。少し減らしても少なく聞こえることはないから。慌てちゃって、ビートに負けちゃうのが一番ダメ。

L─逆に、遅いビートは遅いビートで乗りづらいですよね。

晋──そういうときは、少し言葉数を増やせばいい。あと、チキチキした「バウンスビート」が苦手な人もいるかな。大事なのは、ビートに対して過度な苦手意識を持たないこと。自分が「このビート苦手だ」って思っているものと、お客さんや相手が「このビート、この人に合ってないな」って思うものは違ったりするから。

D─自分が過度に意識することで、損をしちゃうこともあると。

晋──そうだね。得意なビートが来たら「よっしゃ！」って喜んでいいけど、苦手意識は消すべき。ビートはDJが選ぶものだから、自分がコントロールできないものでネガティブな感情を持つのはよくないね。ビートを体でしっかり捉えられるようになっておけば、苦手意識もなくなるはず。どんなビートでも「1、2、3、4」とテンポをとることができるし、速いビートや遅いビートのときは、それを半分にしたり倍にしたりもできるから。

Q いつも同じようなことでディスられて負けます……。

A ***お決まりのDISにはベストアンサー。***
用意してブチこめ、ロケットランチャー！

B-いつも同じことでディスられるんですけどどうしたらいいですか。

晋──俺もよく言われることはあるよ。「お前はずっと韻を踏んでダジャレを言ってるだけじゃねえか」とかね。そういうときは「フリースタイル・バトルはそういうゲームなんだから、踏んでねえお前がおかしいわ」と返している。

D-見た目で何か言われることもありますか。

晋──「チビ」とか「小っちゃいオッサン」って言われることも多かったね。そうやって見た目でよく言われることには、やっぱり返す言葉をある程度は考えておくべき。チビならば「小粒でもピリリと辛い」とか、「小っちゃいけど器はでかい」とか、いろいろな返し方がある。

D-じゃあデブの場合は？　最近、俺太りはじめてるから心配で。

晋──そうだな。例えば、

> ***確かに俺は百貫デブ***
> ***明らかにお前はやっかんでる***

とかだね。そういう見た目のこととか、自分がコンプレックスをもっていることは、やっぱりディスられる。それにいちいち動揺しているようでは、バトルに出る心構えができてなさすぎる。MCバトルでは自分も丸裸にならざるをえないから、よく突っ込まれるコンプレックスがあるなら、それを自分で受け入れていくしかない。

L-見た目は直しようがない部分もありますよね。

晋──そう。だから同じことを言われ続けるし、そこへの切り返しを用意できたら逆にチャンスになる。パターンにはめて勝てるんだよ。「小っちゃいオッサン」って言われたら、

お前から見たら小っちゃいオッサン
乗ってやろうか人生相談

とかだね。それで会場はドーンと沸くから。テコの原理みたいな感じ。相手から重いディスが来たら、その力の反動を利用して返せば、ものすごいパワーのアンサーになる。だからこそ、致命的なディスは無視しちゃいけない。あと、武器にしている特徴が逆にディスられるポイントになることも多い。表裏一体でラブ＆ヘイトだから、韻を踏むヤツは「韻を踏んでるだけ」とか言われる。何を言ってもディスられるから、「何も言わないほうが有利なんじゃねえかな」とか思うけどね（笑）。

 L──女子が「ビッチ」って言われたりとか、女であることをネタにディスられた場合はどんな返しがありますか？

晋──たとえば

アンタのスキル完璧に不満
だってアタシ Perfect Woman

とか（笑）。女性相手に「ビッチ」って言って攻めるのは、必ず反撃に遭うことになるし、いろんな意味で良くない戦い方だよね。俺が2005年のB BOY PARKの決勝で**COMA-CHIちゃん**と戦ったときは、彼女が女性であることは一切ディスらず、「お前ホントすごいな！」「男女なんて関係ないな！」と賛美する"フェミニスト作戦"で勝利した。それこそCOMA-CHIにビッチなんて言ったら百倍返しに遭うからね。

 MEMO　COMA-CHI……東京出身のフィメール・ラッパー。2003年よりソロとして活動し、2011年にはレーベル「Queen's Room」を設立。「久々に会ったらめっちゃオカンキャラになってた（笑）」（晋平太）

Q MCバトルの歴史に残る
パンチラインを知りたいです。

A 聞いてみてくれ「*CHECK YOUR MIC*」!
出てくるパンチライン、全部ヤバい!

D - MCバトルの歴史に残るパンチラインも知りたいです!

晋 ── 手っ取り早い方法は、俺の「CHECK YOUR MIC」って曲を聞くこと。この曲は、いろんなラッパーがMCバトルで残したパンチラインや、俺がバトルで使ったフレーズを元に歌詞を書いた曲だから。

B - サビの「今日勝つために生まれてきた〜」は、晋平太さんがMCバトルで使ったフレーズですよね。

晋 ── そうだね。ほかのラッパーのパンチラインの例を挙げると、「とうとう来たなこの時が」は、2005年のUMBでMC漢さんが残したパンチライン。「和気藹々 俺から言わせりゃ そりゃまじナイナイ」「平成の奴がこれみて何を思おうが」あたりは、2008年のUMB決勝で般若さんが言ったセリフだね。「二軍だった奴が今じゃ一軍」は2013年の決勝戦でR-指定くんがDOTAMAくんに言った言葉。「OK先攻でぶちこもうか」は大阪のラッパーのBIG MOOLAがよく使うフレーズを元にしたもの。

L - いわゆる「バトル名言集」的な曲なんですね! 「韻がどうこう因果応報 ぶっちゃけた話みんなどう思う?」は2011年のUMB決勝で晋平太さんが言ったことですし。

晋 ── あと、この曲では、「ヒップホップも好きだけどやっぱり映画もいいよね」っていうDOTAMAくんのラップを、そのままサンプリングしていたりもする。ヒップホップのサンプリング文化を使いながら、MCバトルの歴史を振り返るような曲にしたかったんだよね。

B - こういう曲って、他にあまり聞いたことないです。

晋 ── そうかもね。ほかにもいろんなラッパーのパンチラインを使ってるか

ら、自分でも調べてみてほしいな。元ネタを掘っていくのも、ヒップホップの面白さだから。この曲を聞いて、「あれ？　このフレーズ、般若がバトルで言ってたやつじゃん！　なんで晋平太が言ってるの？」って思うかもしれないけど、それはパクリじゃなくて、そうやって遊ぶのがヒップホップの文化ということも知ってほしい。あとスクラッチのネタも、海外のヒップホップのものを使っているから調べてみて。元ネタを掘る楽しさ、歴史を知る楽しさも、この曲からは学べると思う。

「CHECK YOUR MIC」　　晋平太

流れ続けるタイムライン
記憶に残るパンチライン
とうとう来たなこの時が
罵り合いの先の時代
ただの DIS りあいとか和気藹々
俺から言わせりゃ
そりゃまじナイナイ
どんな身分だってイーブン
二軍だった奴が今じゃ一軍
韻がどうこう 因果応報
ぶっちゃけた話みんなどう思う？
このマイクはライフワーク
心に打ち込むぜライムは
OC もう time up
どこに向かっていく日本語ラップ
このヒストリー ただの椅子取り
ゲームじゃない 作ろうぜ一緒に
フリースタイルはアートだ
即興に国境は無い

CHECK YOUR MIC　利き手で握りしめな
CHECK YOUR MIC　唇に近づけな

CHECK YOUR MIC　深く息吸い込みな
CHECK YOUR MIC　バイブスをぶち込みな

今日勝つために生まれてきた
今日勝つために負けつづけた
今日勝つために立ち上がった
俺が晋平太　それが分かるか

OK 先攻でぶちこもうか
有名無名は関係ねぇな
全国に蔓延 感染しようが
口コミと広がる関連動画
平成の奴がこれみて何を思おうが
冷静に見れば口喧嘩
マジでしょうもな
形成は変わる DJ の針が飛んだって
平然と乗りこなす
まるでハリーポッター
これは DIS ですか
リスペクトは義務ですよね
ビジネスも好きじゃなきゃ
維持は無理ですよね
信じる理由ってシンプルだね Ah
人は最後に残る
たびに何度も初心に戻る
俺にあるのは
気合いとフリースタイル
バチバチな試合がしたい

CHECK YOUR MIC　利き手で握りしめな
CHECK YOUR MIC　唇に近づけな
CHECK YOUR MIC　深く息吸い込みな
CHECK YOUR MIC　バイブスをぶち込みな

今日勝つために生まれてきた
今日勝つために負けつづけた
今日勝つために立ち上がった
俺が晋平太　それが分かるか

2015
過去の栄光 食えねえから捨てろ
位置についたら MIC チェックしな
さぁ四の五の言うのはそれからさ
位置についたら MIC チェックしな
さぁ四の五の言わず
ロックオンしてみな

CHECK YOUR MIC　利き手で握りしめな
CHECK YOUR MIC　唇に近づけな
CHECK YOUR MIC　深く息吸い込みな
CHECK YOUR MIC　バイブスをぶち込みな

今日勝つために生まれてきた
今日勝つために負けつづけた
今日勝つために立ち上がった
俺が晋平太　それが分かるか

もう1回 もう1回 もう1回
進化してるだろ昨日より

Q 決勝まで勝ち上がり、チャンピオンになるには？

**A 自分が自分であることを誇る！
そういうヤツが最後に残る！**

B ─ バトルで勝てるようになっても、トーナメントを勝ち上がって優勝するためには、さらに実力をつけなきゃいけないわけですよね。

晋 ── 勝ち上がるためには、ラップのスキル以外にもいろんな要素が必要になるからね。「準決勝までは行くけど、そこで必ず負ける」みたいなヤツもいるし。戦法が少ないラッパーは勝ち続けるのは難しいし、接戦をモノにできない人は優勝するのは難しいから。

D ─ 接戦をモノにするにはどうしたらいいんですか？

晋 ── ひとつは、人を惹きつけるラップをすること。バトルの内容が五分五分かな……というときは、「もう一試合見たいのはどちらか」「どちらのほうが人気があるか」で勝敗が決まるからね。「この人のラップをもっと見たい」と思わせることができるラッパーは、接戦に競り勝つし、トーナメントを勝ち上がっていける。あと、最後まで折れないこと。トーナメントでは、全試合を楽に勝てることはまずない。思いもしなかった相手に苦戦することもあるし、「判定は自分が不利かな」と感じる試合もある。でも、それが顔に出たら絶対に負けちゃうんだよ。

B ─ 負けそうでも「俺の勝ちだろ？」的な顔をしているべきなんですね。

晋 ── そういう雰囲気は観客に伝わるからね。チャンピオンになるのは、「いちばんチャンピオンになりたそうなヤツ」「チャンピオンに相応しい雰囲気を持っているヤツ」なんだよ。ざっくりした印象の話になっちゃうんだけど、優勝するラッパーの共通点はそこだから。観客が少ない会場だったりすると、判定にバイアスがかかるから、「え、こいつが優勝？」ってヤツが勝つこともあるけど、デカい大会ではそういうことはないね。

L ─ 勝つべき人が勝っているわけですね。

晋 ── あと意外と、どんな大会にも、本気でチャンピオンを目指さずに出場しているヤツが結構いるんだよね。俺は「一番にならないと意味がない」と思ってるから、それが本当に信じられない。優勝することに命をかけているヤツと、そうじゃないヤツが対戦したら、そうじゃないヤツは空気に飲まれるんだよ。「あ、ヤバい。コイツは気合いが違う」「この人、俺を殺しに来てるな」って絶対に気づくから。

B - 優勝への情熱はお客さんだけじゃなく、相手にも伝わるんですね。

晋 ── そうそう。ゲストで来た大物がサクッと負けちゃったりするのもそうだよね。本気で勝ちたがってないから。俺は決勝まで行くとほぼ負けないんだけど、それは決勝まで来たら「優勝したな」って確信を持てるからだと思う。集中が切れて1回か2回負けたことあるけど、本気で戦った決勝で負けたことはないね。結論としては、Kダブさん（K DUB SHINE）の言葉を借りて「自分が自分であることを誇る そういうヤツが最後に残る」ってことかな。

特別
対談

晋平太 × R-指定
（Creepy Nuts）

サイファーで培ったもの、
MCバトルで手に入れたもの。

晋平太とR-指定。
スタイルの違うふたりの
トップ・フリースタイラーは、
どのような過程を経て、
今のスタイルを見つけたのか。

構成：古澤誠一郎
写真：林 和也
収録日：2016年11月4日

PROFILE

R-指定
(あーる・してい)

日本最高峰のMCバトルULTIMATE MC BATTLE(以下UMB)の大阪大会にて5連覇を成し遂げ、2012年～2014年の全国大会UMB GRAND CHAMPIONSHIPで優勝し全国3連覇を成し遂げる。そして2014年、自身初となる1stアルバム『セカンドオピニオン』をリリース。現在は、HIP HOPユニット「Creepy Nuts(R-指定 & DJ松永)」として主に活動中。2016年1月20日にリリースされた1st MINI ALBUM『たりないふたり』はスマッシュヒットを記録。テレビや雑誌をはじめ、数多くのメディアにも取り上げられ、ラジオではニッポン放送「オールナイトニッポン R」のパーソナリティを務めるなど、話題に事欠かない。現場でも、クラブやライブハウスから大型ロックフェスまで、シーンを問わず数多くの観客を魅了している。

Creepy Nuts(R-指定 & DJ松永) New Mini Album『助演男優賞』2017年2月1日リリース！全国ツアーも開催決定！

「東京代表と大阪代表は1回戦で当たる」
ジンクス通り、2010年のUMBで初対戦

──────ふたりが最初に知り合ったのは、2010年のUMB (ULTIMATE MC BATTLE) 本戦の1回戦で対戦したときですよね。

晋平太 俺は「ハンパじゃないラッパーがいる」って噂を前から聞いていて、すごく恥ずかしいんですけど、R-指定くんのバトルをチェックする目的で大阪のENTER MC BATTLEも見に行ってました。昔は今ほどネットにバトルの動画もなかったし、情報のない段階で、彼と対戦するのは危険すぎると思って。

R-指定 でも、直接ご挨拶したのは、UMB本戦のくじ引きの時ですよね。2010年のUMBは、出場者の中でも「今年は晋平太が本命ちゃうかな」みたいな空気があったんですよ。俺ははじめて本戦に出場したので、「爪痕残したろう」って意気込んでいたんですけど、くじ引きをしたら、1回戦の相手が晋平太さんで。「こんなことあんの?」ってテンパってました。

晋平太 そのころUMBでは「大阪代表と東京代表は1回戦で当たる」っていうジンクスがあったんだよね。

R-指定 俺はお客さんとしてDVDとかで試合を見ていて、そのことも知っていたんです。「でも、そんな何年も続けへんやろ」と思っていたら、「俺の時もか!」みたいな感じで。しかも、くじ引き会場を出て行こうとしたら、晋平太さんがバッと俺の前に来て、「よろしくな」みたいな感じで握手してくれて、「うわぁ〜!」みたいな。たぶん晋平太さんの中では、「よっしゃ、やるか!」的なノリだったと思うんですけど。

晋平太 いやいや、俺はセコンドにいたZORN (当時 Zone The Darkness) と「一回戦敗退だな」みたいなこと言ってたな(笑)。もちろん冗談だけど、そのくらい警戒してたから。

──────このバトルでR-指定さんは、晋平太さんが東京予選優勝で男泣きしたこととか、B BOY PARK MC BATTLEに出ていたこととか、いろんな情報をラップに盛り込んでいましたよね。

R-指定 俺はヘッズとしてUMBをずっと見てきた立場だったし、B BOY PARKでの晋平太さんの活躍や、東京予選での晋平太さんの戦いも知っていました。「ジャイアント・キリングを狙う若手」っていうマインドでしたね。

晋平太 一番やりたくない時期のR-指定だよ。

R-指定　そうっすね。今、当時の俺みたいなヤツが来たら嫌です (笑)。

晋平太　「こいつ、異次元的にヤベぇ」ってヤツが、ガチで殺しに来てる状況だからね。R-指定くんは、その当時の18歳のころから規格外。想像の範疇をひとつ超えてくるラッパーだったんですよ。当時は俺もまだ「受けて立つ側」ではなかったんだけど、「その立場が変わりつつあるんだな」と気づかせてくれたのも、R-指定くんだったし。

「みんな全部できないとアカン」的な空気は
良くも悪くも俺が作ってしまった

――本の中でも「R-指定さんはMCバトルのレベルを更新した」という話が晋平太さんから出ていましたが、特にどこがすごかったんでしょうか？

晋平太　まずはワードセンス。ダントツにボキャブラリーの数が違ったし、チョイスしてくる言葉が、コンビニの商品だったり、漫画家の名前だったり、これまでのMCバトルじゃあり得ない角度のものだったんです。内容もカラフルで、響きも圧倒的にキャッチーだから、パンチラインになりやすい。記憶に残っちゃうんですよね。そこが「超新しい！」と思っていました。

R-指定　ただ、俺がMCバトルに出る前の時代は、何かひとつの能力に特化した人ばかりが集まっていて、むしろ今のシーンよりも個性が豊かだったと思うんですよ。ものすごく韻をかたく踏む人がおって、器用にフロウを操る人がおって、パンチラインで戦う人も、気合いで戦う人もいた。よく晋平太さんが「特殊能力」って言葉を使いますけど、昔のMCバトルは「火の特殊能力」を持っているヤツと「水の特殊能力」を持っているヤツの戦いみたいな感じやったんです。勝敗も「今日は水の日やったな」という感じで。

晋平太　そうだったね。でもR-指定くんは、韻、フロウ、パンチラインといった、すべての能力が高かったんですよ。能力を五角形とか六角形で表すと、全部がほぼマックスで、面積がメッチャ広いというか。

R-指定　俺は「これ」という特化した能力がなかったから、全部の要素を取り入れようと思ったんです。「みんな全部できないとアカン」みたいな空気ができたのは、俺らの世代の特徴で、その空気は良くも悪くも俺が作ってしまったのかな……というのは感じますね。

晋平太　そのぶん、それ以降の世代は個性を出しづらくなっただろうね。

R-指定 出づらくなりましたね。今は「全体的に能力が高くないと勝てない」みたいな感じですから。

晋平太 そんな空気の中で、見る人の記憶に残るラッパーになるって、難しいんだよ。

R-指定 逆に言うと、今こそ「ひとつの能力に特化する」みたいな戦略をとるのはアリかもしれないですね。一個しか特徴がなかったら、絶対に目立つから。

晋平太 すんげー金持ちキャラの Amateras (アマテラス) とかね。「お前は言葉の重みで勝負してんのか。俺は財布の重みだ」みたいなラップばかりで(笑)。

R-指定 それ、おもろいっすね(笑)。

晋平太 やばいっしょ? 「お前が着てるシャツとは値段のゼロが 2 個くらい違う」「握手はよそう。貧乏が伝染る」とか言われて、俺、負けたから(笑)。

R-指定 メッチャおもろい!

晋平太 でも、そこまでやらないと、やっぱり記憶には残りづらい。彼は上手いんだけど、そのアティチュードでひたすら押してくるのが新しかったね。

不良っぽい言葉は「普段使わへんな」と気づき
梅田サイファーで「日常語」のラップを身につける

────R-指定さんの言葉の引き出しの多さや、出てくる単語の面白さは本当にすごいと思うんですが、その能力を高める努力はしたんでしょうか?

R-指定 そこに関しては努力してないですね。ただ、中学生のころに「ラップやろう」と思ったときは、ヒップホップっぽいワードとか、不良っぽいワードを一生懸命調べて歌詞を書いていたんですよ。「ラッパーはそういう言葉を使うもんや」と思ってたし。でも考えたら、「これって自分のボキャブラリーにない言葉ばかりやし、普段使わへんな」と気づいて。

晋平太 たしかに R-指定くんが出てくる前の MC バトルは、ヒップホップのカルチャーに即した言葉で戦うもの……というのが基本だったよね。

R-指定 俺が現場に出はじめた頃の大阪も、ブラックカルチャーの言葉遣いが基本というか、ストリート至上主義でしたね。でも高校生のときに出会った、梅田でサイファーしている連中は違って。ホンマにヒップホップ的なワードを使わないし、見た目もヒップホップ的じゃない。でも、ラップとして成立して

いる面白い人らやったんです。そこで俺も「ふだん使っている言葉とか、日常で吸収している情報を、そのままラップに出したらいいんじゃないか」と気づいて。

晋平太 そういった考えを持った人が、MCバトルに出てくるというのが、当時は新しかったんだよね。

R-指定 有名人の話やったり、漫画や映画の話やったり、それこそコンビニで売っている商品の名前なんかをラップに出すのは、カッコ悪いことというか、暗黙のルールでナシという感じでしたからね。だから俺は「ふだん使ってる言葉でラップもしよう」と思っただけで、「勉強して言葉を増やした」みたいな感覚はないんですよ。

晋平太 特に本を多く読んでいる……ってわけでもなさそうだもんね。

R-指定 ホンマに気に入った本はたまに読みますけど、読書家ではないですね。

――――梅田サイファーは「みんなでゲラゲラ笑いながら楽しむ」みたいな雰囲気だったそうですね。

R-指定 あ、まさにそうです。でもその頃って、MCバトルでは笑えるようなワードを出しても、何人かは笑ってるけど……。

晋平太 基本的にスベってたよな。

R-指定 コワモテの人がニヤッと笑ってたりするんですけどね(笑)。で、今では笑えるワードもアリになった。俺は昔も今も、サイファーで笑かし合うみたいなことは続けていますし、それをそのままステージの上に持っていってる感じです。でも梅田のラッパーの連中には、笑いの破壊力で言ったら俺より全然すごい人もいるんですよ。KBDさんなんかは、もう突飛なワードを使った韻の破壊力でいったら、日本で一番面白いと思います。

晋平太 彼はいい意味でヤバいよね(笑)。

R-指定 「2ショットチャット」って言葉が出てきたりしますからね(笑)。そんなの普段も使わないじゃないじゃないですか。大阪はそういう人が多くて、チプルソさんとかも「何それ?」みたいなワードをカッコよく聞かせるプロだし。

晋平太 しょうもないこととか、すっげーダサいことを、カッコいい顔して言うんだよな(笑)。そのあたりは大阪のMCの特徴だし、普段使っている言葉とか、言葉の捉え方がぜんぜん違うんだなと感じますね。

R-指定 でも遡ると、韻踏(韻踏合組合)の人達って全員そうですもんね。HIDAさんや

ERONEさんはそういうワードを昔から使っていて、「韻踏合組合やからアリ」みたいな感じやったけど、その下の世代はわりと真面目なワードを使う人が多かった。なんやったら俺らが飛び級で、そういう言葉の面白さを継承している存在なのかもしれないです。

晋平太 R-指定くんみたいに、サイファーで育った人がバトルに出てきたのも、新しい世代の特徴だよね。東京にも昔からサイファーはあったけど、それがいろんな街に広まって、今は大きな駅には「駅名＋サイファー」の集まりがある。でも最初、「梅田サイファー」って聞いたときは爆笑したけどね。

R-指定 「何それ?」みたいな感じやったでしょうね。

晋平太 「たぶん梅田の駅前でサイファーしているんだろうけど、それ、そのまま名前にするの?」みたいなね。

R-指定 俺ら的には、集まっている連中が「クルー」みたいな意識もなかったんです。先輩後輩とかでもなく、マジで友達って感じやったんで。「俺らで何かやっていこうぜ!」ってノリだったら、グループ名も考えるでんすけど、ホンマに普通に集まっているだけやったし、名前もどうでもよくて。

晋平太 その考え方も新しかったんだよ。

R-指定 そうっすね。「必要以上にカッコつけない」みたいな姿勢は、俺は梅田サイファーで植えつけられた感じはします。

晋平太 この本でも「サイファーに行ってみよう」と書いているけど、人と一緒にフリースタイルすると、MCバトルも絶対に強くなるよね。自分よりも経験豊富な人とも一緒にフリースタイルできるし、いい練習場所になるというか。

R-指定 今の若い子らは、そういう目的でサイファー行くと思うんですけど、梅田のヤツらはちょっと違いましたね。ストリート的な価値観や、不良性がまだ重視されている時代やったんで、俺らはバトルをしてもライブをしても微妙な立場やったんです。誰の後輩になるとかも嫌いな連中やったし、いろんな現場から、つまはじきになっているヤツとかが集まる場所で、みんなラップを吐き出す場所が土曜日の梅田しかなかったんですよ。だから自分らにとっては、サイファーはライブとかと同じ感覚やったし、自分らの表現したいものを吐き出して帰っていくみたいな感じで。あまり練習という感覚でフリースタイルはしていなかったですね。

晋平太 なるほどね。でも「居場所がない」、「どうやってフリースタイルをしていいか分からない」っていう若い子は、この本の読者にもいっぱいいると思うんだ

「必要以上にカッコつけない」
という姿勢は、
梅田のサイファーで
植えつけられた。

よね。R-指定くんは、そういう自分たちの状況を切り開いていこう、みたいな感じでMCバトルに出ていったわけ？

R-指定 俺は梅田の仲間のひとりに「バトル出てみろよ」って言われたのがきっかけですね。「行くっす、行くっす」みたいな感じで出ただけで、シーンのためにとか、自分たちのために……とかはまったく考えてなかったっすね。「とにかくラップできる場所があるんやったら、出て行ったろう」みたいな感じです。深く考えていたのは。ラップの内容くらいでしたね。

バトルでディスられたことが図星だと忘れないし、そこを直すようになる

―― R-指定さんはラップのスタイルやMCネームについては、「個性を出していこう」ということは強く意識していたんでしょうか？

R-指定 そうっすね。「覚えやすいインパクトのある名前にしたろう」と思っていました。あと「俺はラップの型や声、リズム感に個性がないからこそ、言葉の内容や組み合わせで個性的にしていこう」ということもすごく考えていましたね。その時期は、「ラップの内容こそが俺の個性」やと思ってたんで。

晋平太 それも途中から変わってきたよね。

R-指定 内容はシンプルになってきていますね。その変化のきっかけは、晋平太さんと戦った次の年、2011年のUMB本戦の1回戦でDOTAMAさんに負けたことが大きくて。

晋平太 そのあたりからスタイルが切り替わったもんね。技巧的なところを突き詰めるというよりは……。

R-指定 メンタル的なところを重視するようになった感じですかね。

晋平太 より、その場に即した内容のラップをするようになったように見えたな。あと、対戦相手や、バトルの司会の立場から間近で見ていて、「ここが弱点かな？」と思っていた部分が、どんどん消えていったんですよ。「口癖がときどき出るから、そこを突こう」と思っていたら、次戦ったときにはそれが消えていたし、DOTAMAくんに負けた後も、確実に強くなったし。MCバトルでディスられたところが、いつのまにか克服されている感じがすごいと思ったな。それは意識して直していた？

R-指定 意識して直したことはないですけど、俺は言われたことはメッチャ引きずるし、根に持つんで。「こんなこと言われた!」というのを覚えていたんでしょうね。

晋平太 バトルでディスられたことが図星だったりすると、特に忘れないよな。

R-指定 それはありますね。だからバトルを重ねるうちに、自分のダメだと思う部分が減っていく感覚はありました。辛かったのは、DOTAMA さんに負けた後の一年。前年に晋平太さんと戦ったとき、結果は負けでしたけど「自分は戦える」という手応えもあったし、「ラップで道が拓けるかな」と思っていたときに、また1回戦で負けた。半分引きこもりみたいになってました。

晋平太 でも次の年の UMB から3連覇をするんだよな。

R-指定 転機をくれたのは、韻踏合組合の ERONE さんで。2012 年の UMB の大阪代表になった後、ERONE さんに「今年の UMB どうや」と言われて、「あんまり緊張しすぎてもアレやから、力抜いていつも通りやるっすわ」みたいに答えたんです。けど ERONE さんは、「お前それ毎年言ってるけどな、年末の大きな大会やし、『街を背負って行ったりますわ!』『俺が全部獲ってきたりますわ!』みたいな感じのほうがいいぞ」と言われて。そこでハッとしたんです。それまで俺は、勝負事では「爪痕を残そう」とは考えていたけど、「何かを背負って戦う」とか、「獲りに行く」っていうことは考えてなかった。でも、年末のデカい舞台になればなるほど、関わる人間が多くなる。そうなればなるほど、何かを背負った「すごみ」がある人間のほうが強いんやないか……と思って。

晋平太 そこに気づいて変わったわけだ。

R-指定 そうですね。それまでも毎回本気やったんですけど、はじめて優勝した 2012 年の UMB は、ホンマの意味で本気で戦ったというか、「人生を賭けて」「自分の存在を賭けて」みたいな気持ちで挑んだ大会でしたね。血管浮きたたせて、汗かいて、大声張り上げて、ホンマに勝負する意識になったんです。早い話、はじめて根性入れてラップしたんですよ。そして、その年にはじめて優勝できた。何の計算もなく、目の前の出来事に対して必死にラップしたことで、伝わり方も変わったのかな、みたいな手応えもありました。

2010年UMBでふたりの勝敗を分けたのは「聞く人の胸を打つか、打たないか」の違い

何かを背負っている人のほうが、
バトルにも勝てるし、
今までラップが届かなかった層にも
手を差し伸べることができる。

晋平太 MCバトルって、バトルに対しての意気込みとか気持ちがやっぱり全面に出るし、それがお客さんにも伝わるからね。

R-指定 「気合い入れてやることって、ホンマに大事なんやな」ということを、遅ればせながら学びました。それから曲作りやライブに対する姿勢も変わりましたね。紆余曲折を経て自分の得意なものが見つかって、それが好きなものやからこそ、必死になるのが怖い……みたいな時期が多分あったんです。それを、「カッコつけず、必死にやったらええやんか」って思えてきたところから、だいぶ自分のラップも変わりましたね。

晋平太 バトルに対する気持ちって、経験を積む中で変わってくるんだよね。俺も最初は、サッカーに例えると「ボールを持ったらひとりでドリブル突破してシュートを決める」みたいな戦い方ばかりしていた。でもUMBで優勝して、バトルの司会をするようになってからは、「死に物狂いで勝つ」「どんな手を使ってでも勝つ」みたいな戦い方はしなくなって、よりバトルの楽しさとか、やり取りの美しさを見せたいという気持ちになった。だからバトルでは、相手の仕掛けてきたことに乗っかるし、相手にいちばん良いところを出させて、そこで勝負をしたいって思うし。

R-指定 晋平太さんは昔からずっと、全試合を本気で勝負してきてたじゃないですか。だから俺とルートが逆やったと思うんです。俺はDOTAMAさんに負けて転換期を迎えたときに、「こういうラップが人の胸を打つんやな」って、晋平太さんの本気で戦うスタイルの意味がやっと分かったんで。2010年のUMBで、俺と晋平太さんが戦ったときも、バトルの勝敗を分けた一番のポイントは、「そのラップが聞く人の胸を打つか、打たないか」の違いやった。今見ても、あのバトルの晋平太さんのラップは胸を打つし、人生を賭けて戦っている男の「すごみ」みたいなものがにじみ出ている。負けた当時はその違いがわからなかったんですけど、それが回り回って分かるようになったんです。

晋平太 今の『フリースタイルダンジョン』でのR-指定くんの戦い方も、スキルよりもメンタル的なところを重視している感じだもんな。

R-指定 そうですね。すごく遠回りをして、般若さんがやっていることの精神面に近づいてきたのかもな、みたいな感じです。だから、あの人がラスボスであるのは、自分の中でも納得なんですよ。誰よりも精神的なところの戦いを重視して、人間として勝負してるのが般若さんやから。あと、俺がチャンピオンとして2年目、3年目挑むとき、晋平太さんは「3年目のUMBの酸素はめっちゃ薄いぞ」みたいなことを言ってくれましたよね。

晋平太 言ったね、電話で。

R-指定 それも最初はピンときてなかったんですけど、実際3年目はホンマに酸素薄かったし、味方がいなくなる状況のキツさが分かりました。それまでの俺は、爪痕を残すダークホース的な立場がカッコいいと思っていたんですけど、3連覇をするなかで、「主人公になるのを恐れない気持ち」とか、「注目されて的にも賭けられる中で、戦い抜くのを楽しむ度量を持つこと」とか、そういうことを身につけられた。いい意味で自分に自信を持てましたね。

晋平太 何かを背負っている人とか、人を先導するような立場の人のほうが、バトルにも勝てるし、今までラップが届かなかった層にも手を差し伸べることができるんだよね。それをR-指定くんに感じたのは「トレンチコートマフィア」って曲を聞いたときで。決して学校のクラスの主流じゃなくて、浮いている存在だった自分のことをラップしながら、「それでも自分はラップを武器にして戦う」って内容で、「R-指定くんはこういうことを言いたかったんだな」と俺は感じた。その気持ちは曲を聞いた人にも届いているだろうし、『フリースタイルダンジョン』で戦っている姿を見ている人にも届いていると思う。

R-指定 でも晋平太さんと最初に戦ったときや、DOTAMAさんと戦ったときは、俺はお客さんに向けてラップできてなかったんですよ。対戦相手に容赦なく言葉をぶつけることで、お客さんは盛り上がっていたけど、お客さんに対して「俺はこうなんや」みたいな姿勢はなかった。「この場は俺がかっさらって行くんや」みたいなことも一切やってなかったし、やる自信もなかった。むしろ、それをやらないのが、自分の中で美学やったし。「でも結局、俺はライブをしたいわけやし、お客さんに向けてラップするのも必然やな」というのも、途中から気づいたんです。それに気づいてからは、堂々と胸張ってお客さんに対しても、相手に対してもラップをできるようになりました。

MCバトルのレベルが上がっているからこそ「気合い」があるヤツだけが生き残る

晋平太 全然変わったよね。「その人が何をしたいのか、どうなりたいのか」っていうのは、言葉の後ろに滲み出るから。今はネット上にMCバトルの動画は溢れているし、インパクトのあるライミングの仕方もメソッド化がされてきて、スキルを磨くのは以前より簡単になった。でも、「じゃあお前はなんでラップをしているんだ?」という問題は、昔と変わらず全員のラッパーに付いて回

ることだと思う。R-指定くんの場合は「クラスの端っこにいた自分が、それでも世の中に打って出るんだ」っていうスタンスがその核にあって、いちばんの武器になっていると俺は思う。スキルがあるけど勝てないラッパーの中には、まだそこが見つかっていない人も多いんじゃないかな。

R-指定 そのなかで T-PABLOW は「気持ちで勝負する」みたいな部分をいち早くモノにしたというか、育った環境のなかでそれを培った感じがしますよね。でも、『BAZOOKA!!! 高校生 RAP 選手権』を審査員として見ていると、全員が自分に重なる感じがして、ホンマに審査するのが辛いんです。T-PABLOW の背負いまくってる感じとか、MC ☆ニガリの苦悩を知ってる感じとか、大阪のじょうの「好き放題に爪痕残したろう」って感じとか、全部自分みたいで。

――――『高校生 RAP 選手権』を見ていても、MC バトルの技術のレベルは年々上がっている感じですか？

晋平太 もう、どんどん上がってるね。

R-指定 めちゃくちゃ上がってますよ。だからこそ「どうしたら生き残れるか」はホンマ、よりシンプルになっていく。その答えって、もう「気合い」しかないんですよ(笑)。

晋平太 そうだね。もう自分を信じるしかない。

R-指定 結局そこなんです。目の前のバトルの勝ち負けだったら、違う要素もありますけど、ラッパーとして生き残っていくためには、ホンマ気合いです。気合いから一番遠いスタイルからはじめた俺でさえも、そう思いますから。思い返すと、俺はラップをはじめたころ、般若さんの作品を聞いて何か心を動かされたんですけど、その「何か」って、やっぱ気合いや熱量やったんやなって。俺が技術で戦っていたときに、晋平太さんに負けた「何か」もそこやし。

晋平太 それは R-指定くんがハンパじゃない経験を積んで、辿り着いた答えだよね。この本を読んでくれている若い子には、まだその感覚は分からないかもしれないけど、ラップに対して真摯に向き合って、上手かろうが下手だろうが続けてみるのは大事だと思う。あと、「ラップをしていて楽しい」というのも大切。R-指定くんにとって、梅田のサイファーは「とにかく楽しかった」というのがはじまりなわけでしょ？

R-指定 めっちゃ楽しかったっすね。もちろん、ラップをはじめる目的は、人それぞれあると思うんですよ。でも、バトルに出るようになっても、「勝たないと楽しくない」という状態は、ちょっと不幸かもしれないっすよね。俺も負けたときは 100% 悔しいんですけど、その悔しさの中にも「あそこは上手いこと言われたなぁ」みたいな気持ちはある。負けても楽しさを感じられるように

なると、ラップを長く続けられますよね。続けている人は、みんな「ラップをするっていう行為自体が楽しい」という人達だと思うし。

晋平太 ラップの練習だって、楽しいから続けられるわけだしね。あと、自分を好きでいることも大切かな。バトルで「自分はこういう人間だ」ってラップするのも、自分が自分のことを好きで、それを人に分かってほしいからラップするわけでしょ？　それって、すごく面白いことだと思うんだよね。

トリッキーなことをするのがフロウじゃない
「音楽的な気持ちよさ」があるのがフロウ

晋平太 ラップの練習はどんなことをしていた？

R-指定 いちばん練習していたのは高校の時っすね。俺はもともと、「ライブをしたりCDを出したりしたい」というのが目標やったから、まずリリックから書きはじめて。あとベタに『8 Mile』も観たし、UMBやB BOY PARKの映像も観ていました。フリースタイルもやってみましたけど、最初は書いている言葉を何個か記憶して繋げる……くらいしかできなかったですね。やっぱり大きかったのは、梅田のサイファー。みんな際限なく言葉が出てくるから、「なんやこの人ら。会話みたいにラップやってんな」と驚いて。そこから無理に韻を踏んだり、オチをつけたりすることは一度やめて、「まずは音の鳴っている上で、相手の話を聞きながらラップで喋れるようになろう」というのを目標にしましたね。水泳をはじめるにも、まずは水に慣れてからじゃないと、平泳ぎもバタフライもできない……みたいな感じで。

晋平太 「まずはラップみたいに喋ってみ？」っていうのは俺もよく言ってるな。ラップっぽく喋っているうちに、いろんなことが分かってくるから。逆に「韻がうまく踏めない」というところで立ち止まって考えていたら、フリースタイルはできるようにならない。やっぱり相手がいたほうが、練習がしやすいかな。まずはビートに合わせてキャッチボールというか、喋ってみるのがスタート。

R-指定 俺は梅田サイファーに出会って、ビートに乗せて会話をできるようになりましたけど、それまではホンマにストイックに韻を踏もうとしていました。韻を踏みつつ、リズムを保つみたいな練習を頑張っていても、やっぱり無理が生じてくるんですよね。会話の要素を取り入れてから、それは変わりました。あと「フロウ」っていうのも最初はよく分からなくて。

晋平太 フロウの定義は一番難しいよね。

R-指定 音に沿っていないとフロウではないし、無理にフロウすることもフロウではない……というか。

晋平太 「もっとフロウしろよ」と言って、リズムを刻んでくるヤツもいるけど、そういうヤツはフロウしてないんだよね。急に早口にしたりすることを、フロウだと思っているんだろうけど。

R-指定 何より、音楽として気持ち良いのがフロウじゃないですか。「勝つための手段としてフロウがある」みたいな人もいますけど、やっぱりそれは違うなと。それこそ鎮座さん（鎮座DOPENESS）のラップを聞いていると分かりますよね。鎮座さんのラップって、いわゆるキレキレなラップじゃないですけど、のらりくらりと音に乗っているのが、すごく気持ちいい。フロウっていうのは「その人に合っている」っていうのも大事なのかも。

晋平太 まさに、そうだね。

R-指定 俺もバトルの中でフロウを模索した時期があったし、晋平太さんにもあったと思うんですよ。でも「あ、やっぱりそんな難しいことやらんでいいんや」って途中で気づくんですよね。

晋平太 そう。結果、ラップがシンプルになっていく。

R-指定 俺、2014年の戦極MCBATTLE10章で晋平太さんが優勝した時の映像を観て、「あ、めっちゃシンプルになってるわ」って驚いたんですよ。しかも、それで余裕で優勝した。

晋平太 俺も『フリースタイルダンジョン』を観ていて「R-指定もだいぶ削いできたな」って思ってたよ。

R-指定 だいぶ削ぎましたね。削げるようになったのは、自分の経験と、積んできた実績があり、そこに即した説得力のある言葉や、面白い言い回しができるようになったから……っていうのもあるかもしれないです。それがないときは、やっぱり手数で勝負していましたけど、今は小細工なしでもストレートで勝てる自信があるから、ストレートに殴りに行く。だからフロウはホンマ、難しいっすね。いろんなものを試してみて、人前で見せてみて、自分で冷静に考えてると「あ、これ全然違うな」みたいなことが分かってくるというか。

晋平太 トリッキーなことをするのがフロウじゃないんだよね。すごいシンプルでも、フロウを感じるラップもあるから。トライブ（A Tribe Called Quest ?）とかを聞いていると、シンプルだけどフロウがあるし。

R-指定　考えると難しいっすね。フロウの巧みさを見せるために難しいことをしようとして、キーがトラックに合ってない人とか、BPM感が違う人もいるんで。その点、チコ（CHICO CARLITO）は抜群に上手いし、アイツこそ気持ち良いフロウを見せてくれるラッパーですよね。

歴史の人物を韻を踏んで覚えるも、「こいつ、何したヤツやったっけな？」

――――フリースタイルをはじめようと思った場合、最初はリリックをノートに書くことからはじめる人が多いんでしょうか？

R-指定　俺はフリースタイルより「CDを出せるようになりたい」という目標が先にあったんで、そうでしたね。そこは世代によって違う部分が大きいと思います。俺の頃は「ラップ」という大きな枠の中にフリースタイルがある……っていう感じやったけど、俺より下の子は「フリースタイルはじまり」の子も多いから。

晋平太　今は圧倒的に多いんじゃない？ リリックを書くより簡単にはじめられるし。

R-指定　あと、リリックを書き溜めていた人の場合だと、曲に使うためにメモった言葉が、フリースタイルの場面で出てくるみたいのはあると思う。

晋平太　引き出しに入っている感じだよね。俺はリリックを書くことも、フリースタイルをすることも、どっちも大事な過程だと思うんですよ。「韻をキレイにカッコよく踏みたい」って場合なら、ビートを聞きながらリリックを吟味して、「何文字の言葉をどうハメたら一番キレイかな」とじっくり考えたほうが、韻のメカニズムが分かる。そして、それが体に染み込んでくる。逆にフリースタイルは、韻をキレイに踏むことだけが勝負じゃないから、「もっと自由にラップしたほうがいいな」とか、「韻にこだわりすぎるより、言葉をシンプルにしたほうが伝わるっぽいぞ」とか、いろんなことに気づける。そうやってフリースタイルで学んだことは、リリックを書くことにも生かせるし、逆のパターンで生きてくることもある。だから両方やったほうがいいんだよ。「よくそんなに韻を踏めますね」って言われることは多いんだけど、それも両方の作業の蓄積があって、そこで蓄積された言葉が頭のなかで繋がるからなんだよね。

――――バカな質問ですけど、韻は思いついたけど、その間をつなぐ言葉が思いつかない……っていうことはないんですか？

晋平太　それは訓練すれば出てくるようになる。でも、韻を思いつくようになった先

の段階じゃないかな。

R-指定 まず韻を思いつく脳みそになって、その先に繋げる言葉も面白くできるようになる……みたいな感じですよね。その段階の手前の人は、やっぱ韻だけは踏むけど……。

晋平太 「文章、繋がってねえじゃん!」みたいなね。だから、韻と韻をつなげる文脈のセンスとか、ムリのなさがスキルだと思うんですよ。文章が繋がっていて、意味も分かって、なおかつ4連発で韻を踏んでいたりするから、面白く聞こえるわけで。でも、文脈に無理があることで、ダイナミズムが生まれているような場合もあるんだけどね。コブちゃん(KBD a.k.a 古江道)とかさ。

R-指定 KBDさんは、文脈よりもインパクト重視だし、韻を踏む言葉の組み合わせ自体が面白いから、接続する文章も面白くなってくるんですよね。

晋平太 だから、例えば韻を踏んでいる2つの単語があって、「これでラップをしてください」って言われたら、俺とR-指定くんで全然違う内容になると思うんだよ。そこがスキルとか個性なんだよね。

――――この本の中では、「中吊り広告を見てラップをする」「部屋で目に入るものでラップをする」みたいな練習法を提案していますが、R-指定さんはそういう練習はしていましたか?

R-指定 高校の頃はいろいろやっていましたね。テレビに出てくる映像に対して、文句言う感じでラップしたり、歴史の教科書に出てくる人名を暗記するために、韻を踏むラップを作ってみたり。でも、いざテストになると、韻しか覚えてなくて、「……こいつ、何したヤツやったっけ?」みたいな、ややこしいことになりましたけどね(笑)。

マジシャンの口から出てくる国旗みたいに
関係ない言葉がいろいろくっついてくる

R-指定 練習のつもりでやってなかったのに、一番練習になったのは、やっぱりサイファーです。何人かとフリースタイルをしていると、自分の頭のボキャブラリーにはない言葉が、次々と飛んでくるから。それに対して、パッと瞬時に言葉を返さなきゃいけない。

晋平太 その訓練は上達するうえで役に立つよね。

R-指定 「いま盛り上がっているこの話を俺も引っ張って、どうにか面白くしたろ」み

韻と韻をつなげる
文脈のセンスとか、
ムリのなさがスキル。

何人かとフリースタイルをしていると、
「いま盛り上がっているこの話を
俺も引っ張って、どうにか面白くしたろ」
みたいなことを考える。

たいなことを考えるんで。やっぱ何人かとやるっていうのは、めちゃめちゃ大事かも。

晋平太 イレギュラーなバウンドで飛んでくる言葉に反応する練習は、ひとりじゃできないことだからね。MCバトルも当然相手がいるわけだし、練習も人とできることは人とやったほうがいいんだよ。

R-指定 あと、「よし、この話題やったら、これ言ったろ」って思ってたことを、他の人に先に言われちゃうこともある。そういうときは、二の線、三の線を自分の頭の中で考えなければいけないから、そこで脳みその速さが鍛えられるというか。

晋平太 頭の中がギュンギュン回る感じになるんだよね。

R-指定 ひな壇に座っている芸人さんも、たぶん同じような脳みその動きをしていると思うんですよ。「このコメント言われたら、これ言お」みたいな。

――――じゃあ常に頭の中に、次に言う言葉の候補みたいなものがどんどん出てくる感じなんですね。

R-指定 候補じゃなかったものも出てきますね。口から言葉を出したときに、その言葉に反応して、マジシャンの口から国旗がいっぱい出てくるやつみたいに、全然関係ない言葉がいろいろとくっついてくる感じというか（笑）。その関係ない言葉から、また数珠つなぎみたいに、変な方向に脱線していくこともあります。目的のないフリースタイルは、そういう脱線が面白いんですよ。バトルやと、言うことが「俺のほうが上回ってるんや」って内容に絞られるんですけどね。

晋平太 だからバトルで勝てるようになりたいなら、楽しんでサイファーをする以外の練習も必要になるかな。「面白いことを言って笑わせよう」と思ってラップするのと、「相手より自分が上だと示そう」と思ってラップするのじゃ、内容も全然変わってくるから。

R-指定 逆に、フリースタイルの目的が「バトルで勝ちたい」ってだけの人もいますよね。地方にライブに行って、オープンマイクにしたときに、若い子に急にディスられたりすること、ありますから（笑）。

晋平太 本当はその人も、R-指定くんに憧れまくってるはずなんですけどね。だから、ラップで表現できることが、「俺のほうが上だ」ということと、「相手へのディス」だけというのは、ちょっと寂しいよな。

R-指定 ラップをはじめたばかりの頃は、みんな牙をむきたくなりますしね。でも、そ

れ以外の表現もできるようになったら、ラップはもっと面白くなると思います。

晋平太とR-指定、サイファーに飛び入りも 「終電なんで帰りたい」と逃げられる

晋平太 まず身体にラップを馴染ませることが大事だよね。馴染んでくれば、それこそラップで女の子を口説いたりもできるし、相手がいれば一生フリースタイルは続けられるし。

R-指定 フリースタイルってホンマにすごい遊びですよね。このあいだ大阪帰ったときに、梅田のヤツらと夜通し遊んだ後、朝10時くらいからサイファーをしたんです。「心斎橋から中之島までちょっと歩きながらやってみるか」って、スピーカー持って、4人で歩きながら。そのときに「あ、これ、どこでもできるし、ホンマに一生できるな」って思いましたね。遊びとしてコストパフォーマンスもいいし、脳みそも動くし、金もかからへんし。「ものすごい遊びやな、これは！」ってみんな言ってて(笑)。

晋平太 俺とR-指定くんが打ち合わせか何かをした帰り、たまたまサイファーをやっている子らがいて、「行くか！」って乗り込んだこともあったよな。その子たち、「うわー！」みたいに超喜んでくれで、しばらく一緒に楽しんだんですけど、1時間経っても2時間経っても俺らがやめないから、「終電なんで帰っていいですか？」とか言われてね(笑)。

R-指定 最初はみんな、めっちゃキラキラした目で見てくれてたのに(笑)。

晋平太 完全に帰りたそうになってたからね。あれはやりすぎだな(笑)。でも俺らはサイファーはじめると「もうずっとやってたい」って感じになっちゃうんだよね。もともと俺は、ラッパーとして生き残るためにMCバトルをやってたし、勝つことに必死だったから、サイファーとか大っ嫌いだったんだけど(笑)。

R-指定 サイファーは勝ち負けがないですもんね。

晋平太 「何の意味があるのかわかんねえ！」みたいに思ってたからね。

R-指定 俺の場合は、その意味のないところを先に突き詰めたことで、MCバトルのほうの面白さや勝ちも理解できたんですよね。

晋平太 俺も後になってから、ぐるっと回ってサイファーに触れて、「これもスッゲー面白いじゃん」と思ったな。ひとりでやっているより、ずっと楽しいし。

R-指定　路上でサイファーやってると、おっさんが乱入してきたりとかもありますもんね。そのおっさんが一番沸かせて帰ることもあるし。

晋平太　あの爆発力はスゴい。はじめてラップした人の勢いには勝てないんですよ。

R-指定　それはありますね。慣れている人には出てこない言葉とか出てくるから。ルールわからんやつの面白さ、みたいなのありますもんね。

晋平太　驚異的だよね。逆に「ちょっと慣れてます」くらいのヤツが、いちばん面白くなかったりするから、難しいんだよな。

──今はMCバトルが大ブームですけど、勝敗に関係なくフリースタイルを楽しむサイファーの文化も、もっと多くの人に知ってほしいですよね。

R-指定　MCバトルを目指すにしても、友達何人かとやったほうが、単純に上達も早いですからね。ひとりでいろんな練習法を考えるのもアリですけども、楽しく長く続くのは、たぶんサイファー。

晋平太　ラップに慣れるっていう意味でも、サイファーは一番いいね。

R-指定　ですね。慣れますし、身体にラップが染み込みますね。その上で、周囲と似たり寄ったりにならないために、自分の独自の武器やスタイルを考えていけばいいんじゃないかと思います。

ラップしたい人を「お前やってみろ!」と
ステージに引っ張る役割を晋平太は担っている

晋平太　でも俺ら、昔からこんな話をさんざん繰り広げてきたわけじゃん。

R-指定　一緒に地方営業に行くときとかに、車の中でよく話していた内容ですもんね。

晋平太　ラップ講座、一緒に行ったもんな。それが本になるって、ちょっとウケる(笑)。

R-指定　でも、「ラップをやりたい人の背中を押す」って役割を、晋平太さんはすごく担っているなと思っていて。ラッパー同士では、スキルの話とか、「あいつのラップはスゴい」みたいな話は、みんな好きでするんですけど、晋平太さんは、サイファーやオープンマイクをニコニコしながら見ていて、やりたそうにしているヤツを「お前やってみろ!」って引っ張ってくることができる。この本もそういうものやと思うし、そういう存在があることって、めっちゃデカいと思うんですよ。

晋平太 実際、「バトルのミカタ」(MCバトル動画を見ながら見どころや勝ち負けの決め手などを解説するR-指定のトークイベント。晋平太も過去に出演)に来ていたヤツとか、ホントにUMBに出場してたりするからね。

R-指定 そういうの、めっちゃ嬉しいですよね。あと、この本にも「昔はクラスのリーダー的な明るいやつがラップには向いていると言われていたけど、最近はそうじゃなくなった」って話がありましたけど、そうじゃないヤツは今も最初の一歩を踏み出すのが大変だと思うんですよ。実際、自分も独学でラップをはじめてから、人前に出てラップをするまで3〜4年くらいの期間がかかったし。そういうときに、晋平太さんの立ち位置の人が、モジモジしているヤツに「やれよ!」って言ってくれるのって大きいなって。それで人生が変わるヤツもいると思うし。この本は、そういう晋平太さんの姿勢がそのまま文章になっているような感じですよね。俺を含めて、ほとんどのラッパーは、やっぱり同業者目線の話が中心になるし、ハードルの高いところを話したがると思うんです。「最初は簡単やけど、俺らのやってることは大変なんやぞ」ってしておきたいというか(笑)。そこでも晋平太さんは「こっち来い。まずはやってみろ」って手を差し伸べる。そういう姿勢のラッパーって、日本にいなかったっすよね。

晋平太 そうなのかもね。

R-指定 「ラップは崇高なもんやぞ」って示す人はいるし、成功する夢を見せてくれる人もいましたけど、強引にステージに上げてくれる人はいなかったというか。前に晋平太さんと話をしていて記憶に残っていたのが、「なぜヒップホップが他のジャンルより根づいていないのかって言ったら、かっこいい、かっこ悪いは別にして、まずラップ部が学校にないからだ」っていう話で。

晋平太 覚えてないけど、いかにも俺がしそうな話だな(笑)。

R-指定 ロックは軽音部があって、プロのバンドの曲をコピーする人もいるし、それをライブハウスでやる人もいる。そこからセミプロっぽくなる人もいるし、そのライブに通う人も、そのCDを買う人も出てくる。そうやってプロを頂点にしたピラミッドができていて、ロックの文化が上から下まで広がっていく構造ができていると。で、ラップに関しては、最近はそういう構造ができてきましたけど、前までは「ラップをするヤツ」と「聞くヤツ」のあいだに大きな溝があったんです。それで俺も晋平太さんも「ヒップホップもプレイヤーがもっと増えて、半分プロみたいな人が多く出てくればいいのにな」って話をしてたんですよ。それこそアメリカなんかは、別にヒップホップのヒの字も興味ない人も、ある程度ラップの構造を分かっていたり、遊びでライムできたり

しますもんね。

晋平太 それが「文化として染み付いている」ってことなんだよな。でも日本は、ちょっと前までラップはプロだけがするものだったというか。

R-指定 そうなんですよ。もう選ばれた人間しかできないというか、できない風に見せていた。俺も含めて、やっぱラッパーはそうしておきたいんですよ（笑）。

晋平太 俺もそうだったよ。誰でもそうしたいじゃん。でも考えてみると、野球なんかの場合は、みんなまず野球をやってみるわけじゃん。そこでプロになりたいと思う人も出てくるけど、「俺はなれないな」という人もいる。それでも「俺、野球好きなんだよね。昔やってたし」っていう人が社会にたくさんいる。ラップもそうなればいいと思うんだよね。プロじゃなくても「俺、日曜日はラップしてるんだ」って人がいてもいいわけだし。

R-指定 梅田サイファーのメンバーは、まさにほとんどがそんな感じですね。普段は仕事があって、ラップを仕事にするつもりはないけど、サイファーを楽しんでやっている。プロにはプロのしんどさがあるし、しがらみもあるから、「そういうのは俺は嫌や。俺は好きにラップしたい」っていう人もいるし、そういうヤツらが梅田サイファーの友達なんで。

晋平太 そういう人とプロのどっちが尊いのか、とかも別にないんだよね。

R-指定 ないです。プロやから偉いとかは全然ないし、ラップ好きなやつは、誰でもやればいいし。

——この本は、そういう背中を押してくれる内容になっていると。

R-指定 絶対そうやと思います。今までそういうのがなかったんで。むしろ、みんな思っているけど、言わなかったんでしょうね。みんなが「自分から言うのは……」っていうところを、晋平太さんは言ってくれはったんやなと。いまは『フリースタイルダンジョン』でジブさん（Zeebra）もそういう姿勢になってますけど、自分らの時代に、ジブさんが同じことを言ってくれてたら、ラップをする人はものすごく増えたんじゃないかと思うんですよ。

晋平太 確かに、それはあるね。

R-指定 だから晋平太さんのやってることって、意外と、みんな目つけてなかったところやな、みたいな。確かに競技人口増えないと、文化として広がらんよな、みたいなところはありますもんね。

フリースタイルとは「ツカミ」「魂」 「でまかせ」「コミュニケーションツール」

晋平太 やっぱり「フリースタイルがあってよかった」というのはよく思うでしょ?

R-指定 それは思いますね。たとえば、自分の存在を何も知らないお客さんの前でステージに放り出されて、「この人がギタリストです。この人がR&Bシンガーです。この人がDJです。この人がラッパーです」って紹介されたとき、自分がラッパーだと、すぐに示せるものがフリースタイルじゃないですか。機材がなくて、マイクがなくて、トラックがなくても、「じゃあアカペラでチャッとやったろか」みたいな感じで見せられるから、すごく便利やなとは思いますね。テレビとか出たときに、「ラッパーって何をしている人?『YO YO』とか言ってるだけの人でしょ」って思われていても、「こういうことをやってるんやで」って一瞬で分からせられるし。

晋平太 じゃあ、フリースタイルを一言で表すと?

R-指定 一言っすか(笑)。難しいな。今の例やと「ツカミ」ですけど、やる現場によって意味合いが違うんですよ。別ジャンルのバンドの人とかとステージに立って、「え、ヒップホップって何?」って人に見せるときは「ツカミ」やし、サイファーでダラダラやって、楽しくやってる時のフリースタイルは「でまかせ」やし。バトルで出てくるようなフリースタイルは、「魂」から出てきているものやし。だから一言では表すのは難しいかなと。

晋平太 俺の場合、フリースタイルは「コミュニケーションツール」かな。MCバトルだって、フリースタイルを使ったコミュニケーションだし、そもそも相手がいないとできない。自分のことや、ラップのことを知らない人にフリースタイルを見せるのも、コミュニケーションだし。決まった順番、決まった内容で曲をやるライブでも、ちょっとフリースタイルをやるだけで、お客さんとの距離がぜんぜん変わるから。

R-指定 それ、間違いないっすね。

晋平太 だからフリースタイルは「人とコミュニケーションとるもの」って意識してもらえると俺は嬉しいね。

フリースタイル・ラップの教科書
MCバトルはじめの一歩

2016年12月20日　初版第1刷発行
2021年2月20日　初版第3刷発行

著者	晋平太
ブックデザイン	加藤賢策（LABORATORIES）
DTP	臼田彩穂
イラスト	今井ヨージ
写真	林 和也
構成	古澤誠一郎
編集	圓尾公佑
協力	若尾伸治（ドリーミュージック） 清水 健（ドリーミュージック） 森重孝（ソニー・ミュージックエンタテインメント）
発行人	北畠夏影
発行所	株式会社イースト・プレス 東京都千代田区神田神保町2-4-7 久月神田ビル TEL:03-5213-4700 FAX:03-5213-4701 http://www.eastpress.co.jp/
印刷所	中央精版印刷株式会社

ISBN978-4-7816-1492-2
© SHINPEITA 2016, Printed in Japan